# *Direito ao ambiente como direito à vida:*
## desafios para a *Educação em Direitos Humanos*

EDITORA AFILIADA

**Dados Internacionais de Catalogação na Publicação (CIP)**
**(Câmara Brasileira do Livro, SP, Brasil)**

Direito ao ambiente como direito à vida : desafios para a educação em direitos humanos / Aida Maria Monteiro Silva, Léa Tiriba, (orgs.). — 1. ed. — São Paulo : Cortez, 2014. — (Coleção educação em direitos humanos).

Vários autores.
Bibliografia.
ISBN 978-85-249-2307-4

1. Cidadania 2. Educação ambiental 3. Educação em direitos humanos 4. Prática de ensino 5. Professores - Formação I. Silva, Aida Maria Monteiro. II. Tiriba, Léa. III. Série.

14-11284  CDD-304.2

**Índices para catálogo sistemático:**

1. Educação ambiental    304.2

Aida Maria Monteiro Silva
Léa Tiriba (Orgs.)

Angélica Cosenza • Anne Kassiadou • Carlos Prado •
Celso Sánchez • Christiana Profice • Dilma Pimentel •
Mariana Rosa • Mauro Guimarães

# *Direito ao ambiente como direito à vida:*
## desafios para a *Educação em Direitos Humanos*

1ª edição

1ª reimpressão

Aida Maria Monteiro Silva
Léa Tiriba
(Coordenadoras)

DIREITO AO AMBIENTE COMO DIREITO À VIDA: desafios para a Educação em Direitos Humanos
Aida Maria Monteiro Silva • Léa Tiriba (Orgs.)

*Capa*: de Sign Arte Visual
*Preparação de texto*: Ana Paula Luccisano
*Revisão*: Marta Almeida de Sá, Solange Martins, Alexandra Resende
*Composição*: Linea Editora Ltda.
*Editora assistente*: Priscila Flório Augusto
*Coordenação editorial*: Danilo A. Q. Morales

Nenhuma parte desta obra pode ser reproduzida ou duplicada sem autorização expressa dos autores e do editor.

© 2013 by Autores

Direitos para esta edição
CORTEZ EDITORA
Rua Monte Alegre, 1.074 — Perdizes
05014-001 — São Paulo — SP
Tel.: (11) 3864-0111  Fax: (11) 3864-4290
e-mail: cortez@cortezeditora.com.br
www.cortezeditora.com.br

Impresso no Brasil — maio de 2021

# SUMÁRIO

**Apresentação da Coleção**........................................................... 7

**Introduzindo a temática**............................................................ 11

**1ª Parte**   Princípios e utopias

Educação Ambiental e Direitos Humanos: necessárias articulações a partir da justiça ambiental e da ecologia política................................................................................... 21

O direito humano à interação com a natureza ........................ 47

Educação em Direitos Humanos e Educação Ambiental: ética e história .......................................................................... 78

**2ª Parte**   Relações entre natureza e cultura no cotidiano escolar

O convívio com a natureza é um direito das crianças? Reflexões sobre educação, escola e divórcio entre seres humanos e natureza..................................................................... 113

Natureza e Escola: percepções infantis e currículo:
Notas sobre a Educação Ambiental na perspectiva
da Educação em Direitos Humanos ............................................ 140

Desafios da Formação de Professores(as): ensinando as
crianças e jovens do campo a identificar e a minimizar
os impactos ambientais de suas atividades agrícolas............. 174

## Estação do(a) professor(a) ............................................ 209

Cinedica............................................................................ 211

Webdica............................................................................ 218

Músicas ............................................................................ 224

## Sugestões de leitura ...................................................... 225

## Sobre os(as) Autores(as) ............................................... 227

# APRESENTAÇÃO DA COLEÇÃO

A Coleção *Educação em Direitos Humanos* tem como objetivos estimular a reflexão e apreensão de conhecimentos teórico-metodológicos sobre os Direitos Humanos e a sua relação com a natureza; contribuir para a integração de temáticas emergentes nos planos institucionais, projetos, programas, planos de curso e na prática pedagógica dos(as) profissionais das diferentes áreas do conhecimento, níveis e modalidades de ensino, com vista a promover a cultura dos direitos humanos, respeito à natureza e a formação da cidadania ativa. Essa cidadania é entendida como a concretização dos direitos assegurados, o exercício para a garantia de novos direitos, reivindicação e reclamação de direitos violados.

Nessa perspectiva, a Coleção vem atender a uma área de conhecimento ainda inicial, no Brasil e na América Latina, de forma a subsidiar a elaboração de políticas públicas, produção de materiais didáticos e a formação de estudantes e profissionais das diversas áreas de conhecimento, e de educadores(as) sociais.

No Brasil, historicamente, a Educação em Direitos Humanos (EDH) é uma prática recente, até porque os percursos de construção da sociedade brasileira foram permeados por longos períodos de escravidão, e de regimes políticos alternados por ditaduras, com destaque para as décadas de 1960, 1970 e início dos anos 1980. Nessas décadas, o Brasil vivenciou um dos períodos mais cruéis da sua história, com a instalação do Governo da Ditadura em 1964, produzindo culturas e práticas antidemocráticas, de desrespeito e violações dos direitos das pessoas e da natureza, comportamentos preconceituosos, discriminatórios, torturas, assassinatos e desaparecimentos das pessoas na justificativa da defesa do regime ditatorial.

Além desses aspectos, temos uma sociedade com cultura de violências relacionadas, principalmente, a questões de: gênero, raça, etnia, geracional, nível socioeconômico, opção religiosa e política, orientação sexual e pessoas com deficiência. São comportamentos que permeiam as nossas subjetividades, isto é, as nossas formas de ser, pensar, agir, e muitas vezes são apreendidos sem que tenhamos a consciência dos seus significados e das suas implicações.

No entanto, compreendemos, como Nelson Mandela, que "[...] ninguém nasce odiando outra pessoa pela cor da sua pele, por sua origem ou ainda por sua religião. Para odiar, as pessoas precisam aprender; e, se podem aprender a odiar, podem ser ensinadas a amar".[1] É esse o grande papel e desafio da educação orientada para defesa dos direitos humanos: **Promover uma Educação com respeito integral aos direitos de todas as pessoas, a preservação da natureza e uma formação cidadã, em que elas possam ser agentes e atores do projeto de uma sociedade livre, igualitária, solidária e socialmente justa — uma sociedade, de fato, democrática, fundamentada nos pilares da igualdade de direitos e na liberdade**.

Uma das tarefas da educação nessa perspectiva é fortalecer o Estado Democrático de Direito, de acordo com a Constituição brasileira (1988), e, ao mesmo tempo, dar suporte à implantação das diversas leis, pareceres e resoluções que foram elaborados

---

1. Mandela, N. R. *Discurso de posse na presidência da África do Sul*, 1994. Disponível em: <http://revistalingua.uol.com.br/textos/blog-redacao/os-discursos-de-mandela-304360-1.asp>. Acesso em: 3 set. 2014.

*Direito ao ambiente como direito à vida*

com a participação da sociedade civil organizada, nos últimos anos, que têm um direcionamento para a concretização dos direitos e para a busca de uma sociedade saudável.

Para isso é necessário que as pessoas conheçam os direitos individuais e coletivos, os deveres e, principalmente, se reconheçam como sujeitos de direitos, atuantes na sociedade. É fundamental a formulação de políticas públicas nos sistemas de ensino em que a Educação em Direitos Humanos seja compreendida como eixo norteador e transversal dos Projetos Pedagógicos Institucionais, e se materializam no currículo escolar. O currículo, além dos componentes curriculares definidos oficialmente, deve abranger temáticas que atendam à diversidade que a sociedade exige, nas diferentes especificidades da educação: ambiental, sexual, quilombola, indígena, afro-brasileira, do campo, religiosa, musical, geracional, para pessoas com deficiência, tecnológica e midiática, entre outras.

Assim, esta Coleção visa atender a essas demandas da sociedade, abordando temáticas específicas de Direitos Humanos que se complementam e se intercruzam com a educação. Os títulos de autoria de especialistas com formação acadêmica e militância política nos ajudam a compreender e trabalhar os conhecimentos teórico-metodológicos da área de Direitos Humanos nas instituições educativas.

Nessa perspectiva, esperamos que a Coleção *Educação em Direitos Humanos* contribua para a definição da elaboração de políticas públicas e a concretização de práticas pedagógicas com foco na formação de uma cultura de respeito integral aos direitos humanos e à natureza, na cidadania ativa e no fortalecimento da democracia.

*Aida Maria Monteiro Silva*
Coordenadora da Coleção

# INTRODUZINDO A TEMÁTICA

AIDA MARIA MONTEIRO SILVA
LÉA TIRIBA

Em sintonia com a Política Nacional de Formação dos(as) Profissionais da Educação Básica e com as Políticas de Educação Ambiental e de Educação em Direitos Humanos, este livro tem como objetivo "promover a formação de professores na perspectiva da educação integral, dos direitos humanos, da sustentabilidade ambiental e das relações étnico-raciais, com vistas à construção de ambiente escolar inclusivo e cooperativo"[1] (BRASIL, 2009b, art. 3º, inc. VIII).

Com esta publicação, pretendemos chamar a atenção de professores(as) e estudantes para a importância de uma articulação entre Educação em Direitos Humanos e Educação Ambiental, num contexto de emergência planetária, em que processos de autodestruição produzem condições insuportáveis à continuidade da vida na Terra.

---

1. Brasil. Decreto n. 6.755/2009, de 29 de janeiro de 2009. Política Nacional de Formação de Profissionais do Magistério da Educação Básica, 2009.

Mobilizados pelos desafios atuais da Educação em Direitos Humanos no contexto da cultura antropocêntrica ocidental, visamos o debate de questões relativas às relações entre seres humanos e natureza, num momento em que se impõe a necessidade de constituição de um novo paradigma, em que a vida humana está entrelaçada com a vida das demais espécies.

Como ensinar crianças, jovens e adultos a cuidar da Terra, numa sociedade em que a **NATUREZA** é entendida como simples matéria-prima morta destinada à produção de mercadorias? Como ensiná-los(as) a respeitar os seres e entes da biodiversidade se, durante anos, transmitimos uma ideia do planeta como fonte inesgotável de recursos, em que todos os seres vivos, o universo biótico e abiótico existem para benefício dos seres humanos?

Considerando que as relações entre sistemas culturais e sistemas naturais ameaçam a continuidade da vida do planeta, intencionamos, com esta publicação, chamar a atenção de professores(as) e estudantes para o fato de que também os Direitos Humanos são produtos desta cultura antropocêntrica, na medida em que foram criados num momento histórico em que se desconhecia o princípio de que a vida de todos os seres se organiza em rede; é justamente a diversidade que assegura a qualidade da existência de todas e de cada uma das espécies!

*Direito ao ambiente como direito à vida: desafios para a Educação em Direitos Humanos* apresenta, através de diferentes enfoques, ideias que contribuem para compreender que cuidar e respeitar o ambiente é cuidar da vida; que não há como respeitar direitos humanos se não se respeita o universo em que se vive.

Considerando este conjunto de questões, organizamos o livro em duas partes que preservam aproximações temáticas e epistemológicas.

Na 1ª parte, intitulada Princípios e Utopias, estão os textos de sete autores(as). O eixo comum aos artigos é a relação entre seres humanos e natureza na atualidade, escritos de acordo com distintos enfoques, mas todos focados na necessidade de um novo paradigma que assegure justiça ambiental, sentido de pertencimento humano ao mundo natural e tessitura de uma nova cultura ambiental.

O primeiro deles, de autoria de Celso Sánchez, Angélica Cosenza e Anne Kassiadou, intitula-se **Educação Ambiental e Direitos Humanos: necessárias articulações a partir da justiça ambiental e da ecologia política**. O artigo tem como cenário um mundo organizado pela lógica do lucro, que é geradora de desequilíbrios ambientais e desigualdade social, contra os quais os movimentos sociais do Brasil e do mundo se mobilizam. Seu objetivo é articular e dar visibilidade às relações entre direitos humanos e justiça ambiental, em um contexto de crise e de conflitos cada vez mais frequentes e explícitos. Sua referência está na dura realidade de violação de direitos humanos entre os povos que vivem nas "zonas de sacrifício" da expansão capitalista, onde a ganância leva à expropriação da terra e de seus meios de sobrevivência. Sob a ótica da defesa de todos os seres do planeta, o(as) autor(as) deste artigo indicam a necessidade de um diálogo entre justiça ambiental e ecologia política. Atentos(as) aos desafios da Educação em Direitos Humanos na perspectiva da construção de sociedades socioambientalmente justas, chamam os(as) profissionais da escola à responsabilidade, perguntando sobre qual Educação Ambiental seria necessária para o enfrentamento de violações de direitos humanos e injustiças socioambientais.

O segundo artigo, **O direito humano à interação com a natureza**, tem como cenário o contexto urbano em que as gerações atuais nascem e se desenvolvem, universo onde são cada vez mais rarefeitos os contatos com elementos do mundo natural e mais frequentes as interações com as máquinas, entre elas, os computadores, as tevês, os celulares, os *games*. Com base no conceito de biofilia — que é uma atração dos seres humanos pela natureza — uma tendência inata a aproximar-se e afiliar-se ao que é vivo — as autoras Léa Tiriba e Christiana Profice relacionam desequilíbrio ambiental com as condições de distanciamento impostas por um estilo de vida em que as crianças não convivem com elementos do mundo natural. Neste universo distanciado, o senso de pertencimento — que se afirma ou enfraquece de acordo com as possibilidades de convívio com este meio — torna-se cada vez mais débil, provocando, tanto doenças relacionadas ao confinamento, como relações de indiferença e desafeto em relação à natureza. Nesta linha, haveria relações entre sentimento de pertencimento ao mundo natural e atitudes ambientais fundamentais à sustentabilidade do planeta. Assim, o direito ao meio ambiente estaria fundado no respeito à condição biofílica dos seres humanos, e o reconhecimento dessa condição seria fundamental à garantia de direitos humanos. Com base nestas ideias — e numa perspectiva histórica de relações entre direitos humanos e direitos ambientais, inclusive daquelas expressas nas Diretrizes Nacionais para a Educação em Direitos Humanos e para a Educação Ambiental — as autoras trazem experiências de escolas situadas em áreas em que as relações entre crianças e natureza acontecem de forma mais integrada. Escolas em que o respeito à condição biofílica se materializa como direito humano à integração com o mundo natural, como direito ao convívio com entes e seres não humanos.

A edificação de sociedades sustentáveis exige uma crítica radical ao pensamento cartesiano, ainda hegemônico nas escolas do planeta, que se dedica a conhecer a realidade, os seres, a partir de seus fragmentos. Esta maneira de pensar o mundo e a vida é contemplada no artigo **Educação em Direitos Humanos e Educação Ambiental: ética e história**, de Mauro Guimarães e Carlos Prado. Seu objetivo é evidenciar a necessidade de que educadores(as) se abram a novas perspectivas epistemológicas, a partir de um diálogo entre duas diferentes culturas: uma, ocidental, gerada no contexto das revoluções burguesas e que é

*Direito ao ambiente como direito à vida*

hegemônica em nossos dias, quando o capitalismo quer impor-se como modelo único; a outra, andina, própria dos povos latino-americanos, que resiste ainda hoje, apesar da investida colonizadora de mais de 500 anos. Em seu artigo, os autores evidenciam, de um lado, os princípios e os valores que são próprios de duas sociedades: uma calcada em uma visão que dicotomiza seres humanos e natureza e outra que preserva, cuida da Terra, a partir do entendimento de que a vida humana se articula e está absolutamente integrada com os demais entes e seres não humanos, compondo, com eles, o universo uno de que todos participam.

De fato, como apontam os autores, nas diversas cosmologias dos povos tradicionais brasileiros e latino-americanos, o ser humano não é considerado como dono do mundo, não é a medida de todas as coisas. Assim, o ambiente não é paisagem, onde humanos mentais se movem. Como ensinam nossos ancestrais e como nos é indicado pelos pensadores da complexidade, a relação entre humanos e natureza não é do tipo sujeito-objeto, mas sujeito-sujeito. A natureza não é matéria-prima morta para a produção industrial, objeto sempre disponível, "recurso natural", a ser fragmentado, classificado, seriado e submetido aos processos fabris.

A natureza é um legítimo outro! Esta ideia está na contramão das concepções que orientam o modelo de desenvolvimento capitalista, urbano e industrial, que, em busca de matérias-primas e de consumidores(as) de mercadorias, expande fronteiras, domina territórios e coloniza outros povos, desrespeitando direitos humanos, produzindo, ao mesmo tempo, desequilíbrios ambientais, desigualdade social e sofrimento psíquico.

A compreensão desta realidade é fundamental para nós, professores(as), que pretendemos ensinar o respeito à vida, não apenas a humana, mas a de todas as espécies. Assim, na 2ª Parte deste livro, as autoras se dedicam a temas sobre as "Relações entre natureza e cultura no cotidiano escolar". Seus artigos têm como objetivo contribuir para uma reflexão sobre a necessidade de desconstrução do paradigma antropocêntrico, a partir de algumas perguntas-chave: como as instituições educativas reproduzem em seus espaços e rotinas esta visão de mundo em que os seres humanos estão no centro da vida, como se toda a natureza existisse em função de satisfazê-los? Como, em escolas rurais e urbanas de educação infantil, ensino fundamental e educação superior, se materializa o distanciamento do mundo natural? Como aprender a respeitar a natureza se meninos, meninas e jovens não se relacionam com o mundo natural?

Primeiramente, o artigo de Léa Tiriba, intitulado **O convívio com a natureza é um direito das crianças? Reflexões sobre educação, escola e divórcio entre seres humanos e natureza**, aborda o tema dos desafios atuais da educação em direitos humanos no contexto da cultura antropocêntrica ocidental, enfatizando a necessidade de respeito à preservação de todas as formas de vida, não apenas a humana. Partindo da verdadeira paixão que as crianças têm pelo convívio com elementos do mundo natural e perguntando-se sobre o porquê da indiferença das escolas em relação a este sentimento, a esta necessidade, a autora traz, do campo da Educação Infantil, dados de pesquisa que revelam a relação de distanciamento a que são submetidas: rotinas distanciadas da terra, do sol, da areia, da vegetação; crianças raramente de pés descalços, solos predominantemente cobertos de cimento, brita ou grama sintética. Como meninos e meninas poderão construir uma visão de si mesmos(as) como parte da natureza, se são mantidos(as), a maior parte do tempo, em espaços entre paredes?

A partir daí, a autora apoia-se na ideia de que a falsa premissa de divórcio entre seres humanos e natureza está na origem da crise moral e espiritual em que estamos situados. Premissa que funda o paradigma ocidental, assegurando a visão do planeta como fonte inesgotável de onde os humanos podem extrair indefinidamente; e da natureza como simples matéria-prima morta para a produção de mercadorias. Estas ideias dão sustentação ao capitalismo, modelo de desenvolvimento organizado em torno da produção e do consumo ilimitados.

No artigo intitulado **Natureza e escola: percepções infantis e currículo. Notas sobre a Educação Ambiental na perspectiva da Educação em Direitos Humanos**, Mariana Rosa traz observações e reflexões realizadas no contexto de uma comunidade rural do estado do Rio de Janeiro sobre as relações das crianças entre si e com a natureza, tanto em sua comunidade e convívio familiar quanto no cotidiano da escola. Trazendo para a cena as experiências de vida em contato íntimo com o mundo natural, a autora — também moradora desta área rural — faz uma análise da relação de proximidade que as crianças estabelecem com tudo o que é vivo. E denuncia o distanciamento que vivenciam no cotidiano de uma escola rural cercada de verde por todos os lados. Por este caminho, evidencia uma relação dicotômica entre cultura e natureza - assim como a frágil inserção da Educação Ambiental por meio de projetos externos - como reveladoras do caráter monocultural da escola, em um território em que as brincadeiras infantis revelam um convívio intenso com a natureza abundante. Interessada na tessitura de uma sociedade em que os seres humanos estejam atentos não apenas ao respeito à diversidade cultural, mas também à biodiversidade, a autora aponta a necessidade de práticas educativas cotidianas que ofereçam aquilo de que as crianças precisam, em termos de conexão entre escola e comunidade, conhecimento e vida.

O último artigo, intitulado **Desafios da Formação de Professores(as): ensinando as crianças e jovens do campo a identificar e minimizar os impactos ambientais de suas atividades agrícolas**, é de autoria de Dilma Pimentel. Preocupada com o fato de que as escolas são responsáveis pela formação de futuros trabalhadores(as) do campo, e, portanto, pela transmissão de conhecimentos que assegurem a integridade física e a saúde deles(as), num contexto de uso abusivo de agrotóxicos, a autora constata a presença e/ou ausência de referências ao ambiente rural nos livros analisados pelo Programa Nacional do Livro Didático (PNLD), para a disciplina Ciências. Seu objetivo é chamar a atenção para a necessidade de inclusão de referências teórico-práticas da Educação Ambiental nas estruturas curriculares dos cursos de Licenciatura em Pedagogia, com vista a assegurar que o ensino de Ciências esteja comprometido com a conservação do ambiente, com a integridade de todas as espécies, entre elas, a humana.

Ao final, na **Estação do(a) Professor(a)**, estão dicas e sugestões para o desenvolvimento do trabalho do(a) professor(a) em outras linguagens. Trata-se de um espaço de enriquecimento dos conteúdos desenvolvidos no livro, onde estão verbetes, filmes, música, sites e sugestões de leituras relacionadas aos temas e questões abordados.

Esperamos que esta publicação possa contribuir para a compreensão de que a Educação em Direitos Humanos só poderá se efetivar em correlação estreita com a Educação Ambiental, pois os sistemas vivos são totalmente integrados. Não é possível separar, porque os seres humanos são parte da natureza. Assim, nos dias de hoje, não basta ensinar a pensar o mundo, a compreender os processos naturais e culturais. Hoje é preciso aprender a conservar e a preservar, o que só se faz com amor, respeito e reverência à Mãe Terra, ou à nossa Pachamama, como dizem nossos irmãos, os povos de América Latina e Caribe.

# 1ª PARTE

## Princípios e
## UTOPIAS

# EDUCAÇÃO AMBIENTAL E DIREITOS HUMANOS:
necessárias articulações a partir da justiça ambiental e da ecologia política

Angélica Cosenza
Anne Kassiadou
Celso Sánchez

## INTRODUÇÃO

Este estudo tem como objetivo discutir e potencializar articulações entre a Educação Ambiental (EA) e os direitos humanos. Entendemos que interfaces ainda incipientes começam a ganhar corpo em pesquisas recentes a partir de diálogos com os campos da justiça ambiental e da ecologia política. Há, por exemplo, uma crescente percepção da dimensão educativa dos conflitos socioambientais e da justiça ambiental conforme apontado em estudos de Cosenza (2014), Menezes e Sánchez (2013), entre outros (HALUZA-DELAY, 2013; KUSHMERICK et al., 2007; PELOSO, 2007; AGYMEN et al., 2009; LOUREIRO E LAYRARGUES, 2013).

A necessária e urgente identificação das causas ambienta-listas com questões relacionadas às violações de direitos huma-nos necessita estar incorporada em programas e projetos de Educação Ambiental. É fundamental lembrar que durante a Cúpula dos Povos realizada durante a Conferência da ONU Rio+20, diversos movimentos sociais e coletivos populares reu-nidos denunciaram situações, cada vez mais comuns na realida-de brasileira, em que a temática ambiental relacionava-se à violação dos direitos humanos e ameaça à vida. Exemplo disso foram os brutais assassinatos de dois pescadores da Baía de Guanabara, ocorridos dois dias depois do encerramento da Con-ferência. Realidade dura e já estabelecida em nosso país.

Diante de tal cenário, a pergunta se manifesta: **qual Educa-ção Ambiental seria necessária para o enfrentamento de violações de direitos humanos e injustiças socioambientais que acometem populações socioambientalmente vulneráveis**?

A Educação Ambiental vem se consolidando como espaço de debates acadêmicos no Brasil, sobretudo por se constituir em um campo institucionalizado por uma legislação nacional, a Política Nacional de Educação Ambiental (BRASIL, Lei federal n. 9.795/1999). No entanto, ainda são pouco frequentes os trabalhos que procuram articular a temática dos direitos humanos como parte dos deba-tes necessários à EA. Podemos perguntar o porquê desse distan-ciamento e igualmente inferir que a resposta possivelmente re-side no fato de que a EA como práxis educativa teve seu surgimento no contexto internacional e nacional muito atrelado a uma perspectiva conservacionista de meio ambiente.

Tal perspectiva tem sido problematizada por diversos auto-res do campo da EA. Layrargues e Lima (2011), por exemplo, procurando demonstrar as macrotendências pedagógicas da EA, vão apontar a ideia de que a vertente dita conservacionista tem se aproximado do que chamam de pragmatismo na EA.[1] Esta que

---

1. Entendemos que o discurso conservacionista na educação assume o ambiente por seus aspectos naturais, enunciando os problemas ambientais como frutos de desconheci-

*Direito ao ambiente como direito à vida* 23

se revela em uma práxis de valorização de intervenção tecno-científica a serviço da conservação da natureza ou ainda de normatizações de condutas individuais/institucionais para certa "adequação ambiental" dentro de um limite da conservação do *status quo* capitalista vigente.

Como resultado dessa incorporação da lógica do capital na Educação Ambiental, está o que Layrargues (2012) entende como "pobreza política da Educação Ambiental". Tal fenômeno se traduz na adoção de práticas de sensibilização ecológica, campanhas de reciclagem e/ou práticas educativas ingênuas e românticas que desprezam conhecimentos produzidos a partir de diferentes perspectivas teórico-metodológicas. Além disso, semelhantes práticas acabam por trazer embutido o risco da fácil cooptação ideológica da prevalência hegemônica e afastam-se de um projeto alternativo emancipatório realmente questionador e transformador da estrutura civilizatória contemporânea e de seus mecanismos de reprodução.

No entanto, a necessidade de afirmar a Educação Ambiental surge neste contexto como uma forma de contribuir no processo de construção de sociedades socioambientalmente justas. Nessa direção, a EA crítica[2] se faz necessária à construção da sustentabilidade pela via do enfrentamento de injustiças ambientais e da construção coletiva de um pacto societário em torno da garantia dos direitos humanos e da justiça social.

---

mento de princípios ecológicos e de maus comportamentos. Já o pragmático associa a essa percepção despolitizada das relações socioambientais apostas em ações factíveis que tragam resultados orientados a um futuro sustentável, embora dentro de um limite que não ultrapasse as fronteiras do economicamente viável e da conservação do *status quo* (LAYRARGUES e LIMA, 2011).

2. A EA crítica se constitui em uma vertente que, por sua vez, apoia-se na revisão dos fundamentos que proporcionam a dominação do ser humano e dos mecanismos de acumulação do capital, buscando o enfrentamento político das desigualdades e da injustiça socioambiental. Tal discurso surge no âmbito de práticas que buscam contextualizar e politizar o debate ambiental, articular as diversas dimensões da sustentabilidade e problematizar as contradições dos modelos de desenvolvimento e de sociedade experimentadas local e globalmente (LAYRARGUES e LIMA, 2011).

Neste artigo buscamos também dar uma contribuição a esse debate, favorecendo a discussão em torno da articulação entre a EA e os direitos humanos, em um cenário de crise e de conflitos socioambientais cada vez mais explícitos. Nesse contexto, violações de direitos humanos constituem uma dura realidade daqueles que vivem nas "zonas de sacrifício" da expansão capitalista, que leva a uma crescente expropriação da terra e dos meios de sobrevivência de comunidades cada vez menos tradicionais e cada vez mais vulneráveis diante da ganância e da opressão de nossos dias.

A articulação entre EA e direitos humanos será aqui tematizada a partir de diálogos com os campos da justiça ambiental e da ecologia política. Tais campos, ainda que distintos, possuem bases teóricas e epistemológicas (perspectivas sócio-histórico--sociais) comuns que justificam sua escolha. Além disso, se aproximam, segundo Loureiro e Layrargues (2013), no modo como definem as causas da crise atual, estabelecem estratégias de luta social e defendem um projeto societário anticapitalista.

No percurso aqui proposto, na próxima seção deste estudo trataremos das discussões em torno da justiça ambiental, da ecologia política e dos direitos humanos no âmbito do movimento ambientalista. Já na segunda seção, apresentaremos algumas experiências brasileiras e latino-americanas no enfrentamento de injustiças ambientais, para, na terceira seção, refletir sobre a EA no fortalecimento de práticas educativas emancipatórias.

## 1. JUSTIÇA AMBIENTAL, ECOLOGIA POLÍTICA E DIREITOS HUMANOS NO MOVIMENTO AMBIENTALISTA

O movimento de Justiça Ambiental nasce nos Estados Unidos nos anos 1980, a partir de uma articulação entre movimentos de caráter social, territorial, ambiental e de direitos civis.

*Direito ao ambiente como direito à vida*

Reafirma-se no âmbito de lutas que procuraram expor que áreas de maior privação socioeconômica e/ou habitadas por grupos sociais e étnicos, sem acesso às esferas decisórias do Estado e do mercado, concentram a falta de investimento em infraestrutura de saneamento, a ausência de políticas de controle dos depósitos de lixo tóxico, a moradia de risco, entre outros fatores que forjam más condições ambientais de vida e de trabalho (ACSELRAD e MELLO, 2009).

Para designar esse fenômeno de imposição desproporcional de riscos socioambientais às populações menos dotadas de recursos financeiros e políticos, o movimento consagrou o termo *injustiça ambiental*. Como contraponto, está a reivindicação por *justiça ambiental*, compreendida como o tratamento justo e o envolvimento pleno dos grupos sociais, nas decisões sobre o acesso, a ocupação e o uso dos recursos ambientais em seus territórios (SCHLOSBERG, 2007; BULLARD, 2004).

No âmbito do movimento ambientalista, uma premissa fundamental dessa corrente é a de que o processo de acumulação capitalista priva certos grupos sociais do acesso aos recursos naturais e aos serviços ambientais e de qualidade de vida. Nesse processo, as mudanças nos modelos de desenvolvimento de determinadas localidades assumem maior impacto em grupos sociais mais expostos aos riscos, afetando a sua sobrevivência. Isso cria e reforça uma situação de expropriação e subordinação desses grupos submetidos à ótica do capital, sustentada por relações de poder assimétricas entre aqueles que detêm os meios de produção e outros a quem só restam os riscos (LOUREIRO et al., 2009).

Desse modo, "justiça ambiental" deriva do ativismo ambiental afro-americano que emergiu do sudeste dos Estados Unidos. Schlosberg (2007) identifica na origem de tal movimento duas correntes: o movimento contra a contaminação tóxica e o movimento contra o racismo ambiental.

Se o movimento contra a contaminação tóxica ganhou notoriedade a partir do emblemático caso *Love Canal* que se notabilizou nas décadas de 1970 e 1980 pelo alto grau de mobilização social de uma comunidade frente à poluição por dejetos químicos,[3] por sua vez, o movimento contra o racismo ambiental insinua vínculos com o movimento por direitos humanos. O movimento passou a denunciar o que denominou "racismo ambiental" desde 1982, em Warren County, Carolina do Norte, onde um aterro, contendo bifenil policlorado (PCB), instalado em uma comunidade negra, gerou protestos e mais de 500 prisões. Tais protestos estimularam estudos que revelaram que 75% das imediações dos aterros comerciais de resíduos perigosos situados na região sudeste dos Estados Unidos se encontravam predominantemente localizados em comunidades afro-americanas, embora estas representassem apenas 20% da população da região.

Posteriormente, o primeiro estudo nacional norte-americano (denominado *Toxic Waste and Race*, da Comissão para Justiça Racial dos Estados Unidos) a correlacionar instalações industriais às características demográficas apontou que a raça era a variável mais potente na escolha de onde tais instalações estariam localizadas (BULLARD, 2004).

O que foi iniciado como uma luta baseada em comunidades locais afro-americanas, frequentemente expostas a agentes tóxicos e assentamentos de instalações perigosas, expandiu-se em direção a um movimento, segundo Bullard, multitemático, multiétnico e multirregional. Na I Conferência Nacional de Lideranças Ambientais de Pessoas de Cor, em 1991, primeiro evento

---

3. O caso *Love Canal* ocorreu na cidade de Niagara Falls, New York, Estados Unidos. No final da década de 1970, a comunidade local, após descobrir que suas casas foram erguidas sobre um grande aterro de um canal com dejetos químicos industriais e bélicos, passou a identificar entre as crianças a ocorrência de diversas doenças e defeitos genéticos, além de abortos espontâneos. Em 1978, os moradores da região afetada decidiram fundar uma associação com o objetivo de pressionar as autoridades políticas e juntar fundos para evacuação dos moradores locais. A mobilização da comunidade afetada surtiu resultado quando em 1980 o então presidente dos Estados Unidos, Jimmy Carter, assinou uma lei sobre a evacuação permanente de todas as famílias lá residentes reconhecendo os riscos a que estavam sujeitos (RAMMÊ, 2012).

singular do movimento, este passa a incluir em seus "17 princípios da justiça ambiental" lutas por saúde pública, segurança do trabalho, uso do solo, transporte, moradia, alocação de recursos e empoderamento de comunidades (BULLARD, 2004), temas muito próximos das demandas dos movimentos por direitos humanos. Assim, mais do que uma expressão do campo do direito, a justiça ambiental é assumida como campo de reflexão, mobilização e bandeira de luta de diversos sujeitos e entidades.[4]

À exemplo do sudeste e do sul dos Estados Unidos, o movimento por justiça ambiental, no Brasil, vem denunciando o modelo de "zonas de sacrifícios", territórios caracterizados pelo duplo risco do predomínio do zoneamento excludente, da proteção desigual que afeta pobres, negros, indígenas e populações tradicionais junto à conivência do Estado por meio de políticas de diminuição de impostos e relaxamento no cumprimento das regulamentações ambientais. Nesses termos, o movimento tem alertado que, ao ceder à "chantagem locacional" dos capitais — ou seja, à pressão exercida pelas grandes corporações sobre governos e comunidades, sob a ameaça que fazem de retirar destes os seus investimentos e os seus empregos —, acaba por reforçar um quadro de segmentação socioterritorial. Nas palavras de Acselrad (2010, p. 110):

> Tal segmentação socioterritorial tem se aprofundado com a globalização dos mercados e a abertura comercial — a saber, com a maior liberdade de movimento e deslocalização dos capitais, queda do custo de relocalização e incremento do poder de exercício da chantagem locacional pelos capitais, que podem usar a carência de empregos e de receitas públicas como condição de força para impor práticas poluentes e regressão dos direitos sociais. A denúncia da operação desses mecanismos e a construção de capacidade organizativa e de resistência à chantagem de localização serão, consequentemente, instrumentos de pressão pela

---

4. Manifesto de Lançamento da Rede Brasileira de Justiça Ambiental, criada em 2001, com o objetivo de combater as injustiças ambientais.

redefinição das práticas sociais e técnicas correntes de apropriação do meio, de localização espacial das atividades e de distribuição do poder sobre os recursos ambientais.

Desde seu surgimento, o enfoque majoritário da justiça ambiental assenta-se sobre a dimensão distributiva em sua crítica à partilha injusta de riscos e males ambientais vividos por comunidades pobres e de cor. Tal foco é sobre como a distribuição de riscos ambientas, tais como aqueles ligados a depósitos de resíduos, incineradores, aterros, poluição industrial, instalações nucleares, espelha a iniquidade em termos culturais e socioeconômicos. Muitos(as) autores(as) discutem também as iniquidades em termos de bens ambientais, a exemplo de parques, jardins, áreas verdes, água e ar limpos, comida saudável. O pano de fundo da questão é que a justiça ambiental reconhece que nem os custos da poluição, nem sequer os benefícios da proteção ambiental têm sido uniformemente distribuídos por toda a sociedade (AGYEMAN et al., 2009).

Tal enfoque, segundo Schlosberg (2007), surge na confluência de pressupostos tradicionais de justiça social que, ancorados no pensamento liberal, argumentam que a distribuição justa de bens materiais para os indivíduos é a via principal para atingir a justiça social. Essas teorias defendem, então, a noção de justiça social como a divisão equitativa de bens e recursos para o indivíduo. Young (1990) criticou esse enfoque unicamente distributivo, alertando que onde as diferenças dos grupos sociais existem e onde alguns grupos são privilegiados, enquanto outros são oprimidos, a justiça social requer, explicitamente, reconhecer e atender às diferenças desses grupos a fim de minar a opressão.

Para Young (1990), bens e serviços não podem ser vistos como estáticos e independentes do contexto institucional e das estruturas sociais. Além disso, a justiça envolve, mas não está exclusivamente relacionada à distribuição de bens e benefícios entre os indivíduos. Em sua visão, para entender e remediar injustiças é necessário examinar o *porquê* das iniquidades e *como* o contexto social exerce influência sobre injustas distribuições. Desse modo, *se* e *como* indivíduos e comunidades são reconhecidos é crucial, pois pouco ou mau reconhecimento são formas institucionais e culturais de injustiça. Esse pensamento agrega uma nova dimensão à justiça social: a do reconhecimento.

Enquanto a equidade distribucional é a primeira e central definição de justiça defendida por ativistas e grupos no interior do movimento de justiça ambiental, esta não se faz sem a consideração de que lutas por justiça ambiental são motivadas não só por iniquidades, mas também por várias outras formas de opressão dentro de uma comunidade. Como dito, tal movimento vem apontando a ausência de reconhecimento e validação da identidade como fator central na distribuição de riscos ambientais, quando denuncia, por exemplo, que decisões sobre uso do solo refletem o viés da classe e da cor. A prática de pouco reconhecimento ou desrespeito em nível individual e, principalmente, coletivo forja ativismos em defesa de comunidades e demandas por respeito. No Brasil, por exemplo, a luta de muitas comunidades indígenas pela garantia, demarcação e ocupação de terras envolve uma questão de sobrevivência cultural.

Em Schlosberg (2007) é possível compreender outras dimensões da justiça ambiental, construídas a partir de diferentes lutas e abordagens unificadas em torno da necessidade de expandir a clássica noção de justiça distributiva. O autor discute que a demanda pelo empoderamento e por vozes comunitárias e individuais tem tomado parte do movimento por justiça ambiental e problematizado a ligação entre a falta de reconhecimento e a falta de participação em processos políticos. O argumento é o de que pouco reconhecimento devido à classe ou à raça cria obstáculos à participação política.

Para Agyeman et al. (2009), aqueles com limitado acesso à informação, a oportunidades de participação e/ou poder para criar discursos ou decisões são menos hábeis para defender a si próprios e a suas comunidades de efeitos ambientais negativos, e também estão menos preparados para lutar por melhores condições ambientais. Desse modo, a razão para a defesa da participação em processos de tomada de decisão socioambientais, expressa no *slogan speaking for ourselves* ou "falando por nós mesmos", está no empoderamento de pessoas marginalizadas e na inclusão em processos mais plenamente democráticos. A participação cidadã aqui é tomada para além da clássica noção de garantia de direitos, de cooperação e de bom convívio social, a partir de um entendimento de seres humanos como agentes, não simplesmente recipientes de bens.

Falar em justiça, então, requer um entendimento de injustas distribuições, da ausência de reconhecimento e de participação, mas também a compressão das maneiras pelas quais tais dimensões estão ligadas em processos políticos e sociais. Esse entendimento ampliado na conceitualização de justiça e na superação de uma visão liberal aponta também para a valorização do papel dos grupos e comunidades, os quais demandam justiça ambiental como um todo coletivo, não somente para indivíduos.

Para Schlosberg (2007), na literatura sobre justiça social há pouca discussão sobre injustiça baseada em comunidades. Segundo ele, os grupos podem ser vistos tanto como o ambiente dentro do qual a justiça individual é exercida, quanto uma esfera própria da justiça. Nesse ponto, o autor chama atenção novamente para o limite das teorias tradicionais de justiça social distributiva que se concentram prioritariamente em termos de garantia de direitos individuais. Em sua visão, o movimento por justiça ambiental amplia referências ao problematizar injustiças tomando por base a degradação socioambiental de comunidades, a falta de reconhecimento da identidade e da diferença, a exclusão da participação política e a dizimação das capacidades individuais e comunitárias.

A perspectiva conflitiva dos problemas ambientais também subsidia as preocupações da ecologia política, campo que foi tomando corpo, sobretudo a partir da década de 1980, a partir de um maior aporte teórico proveniente de distintas disciplinas em torno do estudo dos conflitos por acesso, desapropriação, uso e usufruto dos territórios e recursos aí incluídos (o que inclui reconhecer e verificar as contraforças existentes e suas propostas alternativas). Grande referência desse campo, Alimonda busca a construção de uma ecologia política latino-americana, junto aos movimentos sociais, aportando obras clássicas a partir do Conselho Latino-Americano de Ciências Sociais — Clacso (ALIMONDA, 2011).

Nessa perspectiva, para os(as) estudiosos(as) da ecologia política, a crescente acumulação de capital tem demandado cada vez mais uma exploração do entorno natural e social com implicações socioambientalmente desiguais. A fase atual de acumulação capitalista estaria significando uma agudização das pressões sobre os recursos naturais, provocando degradação, escassez e privações sociais, fatores propícios ao desenvolvimento de conflitos. Todavia, na perspectiva da ecologia política, os conflitos socioambientais atuais são considerados muito mais do que disputas pela propriedade de um recurso. Neles se encontram enfrentadas cosmovisões ambientais e de vida (entendidas como manifestações de conflitos sociais entre interesses privados e públicos): por um lado o meio ambiente é visto como espaço econômico, por outro como o espaço vital, onde se constitui a vida (ESCOBAR, 2005; ALIMONDA, 2011; MARTINEZ-ALIER, 2007, LEFF, 2006).

Seja no âmbito da corrente da justiça ambiental, seja na ecologia política, a perspectiva de defesa dos direitos humanos se faz presente. Essa perspectiva implica práticas sociais de empoderamento e tomada de decisões, de que a educação é um exemplo: 1) considerar contextos socioeconômicos, políticos e culturais em suas especificidades; 2) reconhecer o protagonismo de atores sociais individuais e comunitários em situação de risco e ativismo; 3) compreender e desvelar assimetrias de poder e complexos esquemas (distributivos, participativos e/ou de reconhecimento) de opressão social que perpetuam desigualdades socioambientais.

Pelo exposto, podemos afirmar que há uma nítida relação entre equilíbrio ecológico, direitos humanos e (in)justiça ambiental. Para Rammê (2012), muitas das injustiças ambientais contemporâneas decorrem de grandes violações a direitos humanos, à vida, à saúde e ao bem-estar físico em casos de poluição, contaminação tóxica ou fenômenos climáticos decorrentes do aquecimento global. Para esse autor que vê no meio ambiente sadio uma precondição para o gozo de direitos humanos:

> Inúmeros processos de degradação ambiental atingem a dignidade humana de indivíduos e de comunidades humanas inteiras, na exata proporção da desigualdade social existente. A degradação do ambiente, nesse aspecto, é, efetivamente, uma ameaça aos Direitos Humanos, já que muitas vezes atinge a vida, a saúde e a cultura de indivíduos e comunidades humanas em estado de maior vulnerabilidade social, de modo mais intenso e desproporcional em comparação com o restante da população, em verdadeiros processos de recusa à dignidade humana dos atingidos. (RAMMÊ, 2012, p. 140)

Muitos processos de injustiças ambientais e de clara violação a direitos humanos, quando materializados em lutas comunitárias e populares por distribuição, reconhecimento e/ou participação, podem encontrar nos conflitos socioambientais sua expressão mais nítida. Conflitos ambientais, socioambientais,[5] induzidos

---

5. O termo *conflito ambiental* vem sendo usado para designar conflitos relacionados com danos aos recursos naturais, em que o protagonismo provém principalmente de atores exógenos às comunidades, comumente ativistas de organizações ambientalistas motivados por um viés conservacionista. *Conflito socioambiental*, por sua vez, é um termo que reforça o ideário de que a questão ambiental se articula à social e envolve lutas de indivíduos e comunidades diretamente afetados por problemas e injustiças ambientais (WALTER, 2009).

pelo ambiente, de conteúdo ambiental, ecológico-distributivos, espaciais, territoriais, são algumas nomenclaturas que identificam enfoques e pontos de vista distintos (ZHOURI e LASCHEFSKI, 2010; WALTER, 2009). Por trás delas, diferenças ideológicas fundamentam discursos que podem, por exemplo, pautar-se na ideia de que o crescimento da economia resulta em uma melhoria das condições socioambientais, em contraste com outros que atribuem a esse crescimento a origem dos processos conflitivos. Enquanto na primeira perspectiva os conflitos existem e devem ser resolvidos, a partir do estabelecimento de consensos, em favor da manutenção do *status quo*, por outro lado, na segunda, os conflitos devem ser exacerbados para o enfrentamento daquilo que justifica sua existência, quais sejam, os esquemas de opressão e dominação que geram injustiças ambientais.

Nesse contexto, a reivindicação por justiça ambiental, compreendida como o tratamento justo e o envolvimento pleno dos grupos sociais nas decisões sobre o acesso, a ocupação e o uso dos recursos ambientais em seus territórios (ACSELRAD e MELLO, 2009), vem sendo assim constituída por discursos que representam a pauta das lutas ambientais junto a grupos sociais e insinuam a expansão da noção de justiça para além da sua dimensão distributiva.

## 2. ALGUMAS INICIATIVAS BRASILEIRAS NO ENFRENTAMENTO DE INJUSTIÇAS AMBIENTAIS

No ano 2000, chama a atenção a publicação de uma coleção intitulada *Sindicalismo e Justiça Ambiental*, organizada pela Central Única dos Trabalhadores (CUT) e pelo Instituto Brasileiro de Análises Sociais e Econômicas (Ibase), em parceria com o Instituto de Pesquisa e Planejamento Urbano e Regional (Ippur/UFRJ) (ACSELRAD e MELLO, 2009, p. 16). Essa publicação já alertava para os efeitos do modelo de desenvolvimento dominante no Brasil em destinar as maiores cargas de danos e riscos ambientais às populações socialmente mais vulneráveis.

Em setembro de 2001 foi criada a Rede Brasileira de Justiça Ambiental, quando representantes de movimentos sociais, sindicatos, ONGs, entidades ambientalistas, organizações afrodescendentes, indígenas e pesquisadores(as) universitários(as) do Brasil, com a presença de convidados(as) dos Estados Unidos, Chile e Uruguai, se reuniram no Colóquio Internacional sobre Justiça Ambiental, Trabalho e Cidadania, na Universidade Federal Fluminense, na cidade de Niterói, Rio de Janeiro. O colóquio foi organizado pelo projeto Brasil Sustentável e Democrático, da Federação de Órgãos para a Assistência Social e Educacional (Fase), em parceria com o Departamento Nacional de Meio Ambiente da CUT, com o Ippur/UFRJ, com a Fundação Oswaldo Cruz e com o Laboratório de Cidadania, Territorialidade, Trabalho e Ambiente (LACTTA/UFF).

Um significativo resultado desse colóquio foi o lançamento e a divulgação dos princípios da Rede Brasileira de Justiça Ambiental durante o Fórum Social Mundial de Porto Alegre, em 2001. Foi enfatizado, nessa ocasião, que as situações que fragilizam determinada parcela da população e que naturalizam a vulnerabilidade socioambiental de determinados grupos são oriundas da enorme concentração de poder na apropriação dos recursos ambientais que caracteriza a história do país (RBJA, 2014). Essa concentração de poder seria vista como a principal responsável pelas situações de injustiça ambiental.

Em 2002, após a recém-criada Rede Brasileira de Justiça Ambiental, foi lançado o *Mapa dos Conflitos Ambientais no Estado do Rio de Janeiro 2002-2005*, produzido pelo Ippur da UFRJ e pela Fase. Tal produto tomou parte do projeto denominado *Mapa da Justiça Ambiental no Estado do Rio de Janeiro* que foi viabilizado com recursos oriundos de medidas compensatórias da Petrobras, repassados pela Secretaria de Estado de Meio Ambiente e Desenvolvimento Urbano do Rio de Janeiro (PORTO, 2013).

Os casos identificados neste mapa serviram como base para orientação e elaboração de outros trabalhos envolvendo a identificação de conflitos ambientais no território brasileiro. Cabe ressaltar que o Grupo de Trabalho Combate ao Racismo Ambiental, instituído em 2005 junto à Rede Brasileira de Justiça Ambiental, buscou recursos para a construção de outro mapa, denominado *Mapa de Conflitos Causados por Racismo Ambiental no Brasil*, que teria como foco a identificação, em todo o país, dos conflitos ambientais que tinham o racismo ambiental, segundo Porto (2013), como um de seus principais determinantes.

Segundo Pacheco (2014), o racismo ambiental não se configura apenas através de ações que tenham uma intenção racista, mas, igualmente, através de ações que tenham impacto racial, não obstante a intenção que lhes tenha dado origem. Sob esse ponto de vista, o termo trata das injustiças sociais e ambientais que recaem primordialmente sobre etnias e populações mais vulneráveis.

Os resultados obtidos no trabalho do mapa envolvendo questões de racismo ambiental colaboraram para a construção do *Mapa de Conflitos Envolvendo Injustiça Ambiental e Saúde no Brasil*, lançado em janeiro de 2010 pela Fiocruz e Fase (FIOCRUZ-FASE, 2010). O mapa dispõe de ampla informação sobre grupos vulneráveis impactados por projetos desenvolvimentistas no Brasil.

Também no estado de Minas Gerais foi desenvolvido um projeto de pesquisa realizado entre 2007 e 2010, denominado *Mapa dos Conflitos Ambientais de Minas Gerais* pelo Grupo de Estudos em Temáticas Ambientais da Universidade Federal de Minais Gerais (Gesta/UFMG), em parceria com o Núcleo de Investigação em Justiça Ambiental da Universidade Federal de São João del-Rei (Ninja/UFSJ) e com pesquisadores do Programa de Pós-graduação em Desenvolvimento Social (PPGDS) da Universidade Estadual de Montes Claros (Unimontes). Entre 2002 e 2010, foi identificado um número superior a 540 casos ocorridos em Minas Gerais, envolvendo diversos processos geradores de conflitos ambientais, como uso e ocupação do solo, atividades industriais, agroindustriais, obras de infraestrutura urbana, entre outros (ZHOURI e LASCHEFSKI, 2010).

A análise de tais situações de conflito no estado de Minas Gerais demonstra que a sua ocorrência crescente está relacionada à expansão das monoculturas de exportação, conforme apontam Zhouri e Laschefski (2010), como também ao contínuo investimento na intensificação da indústria de minérios, setores que exigem um expansivo incremento na demanda por energia, incluindo a construção de barragens hidrelétricas.

Importante também destacar o documento *Conflitos no Campo Brasil — 2013*, da Comissão Pastoral da Terra (CPT), órgão ligado à Comissão para o Serviço da Caridade, da Justiça e da Paz, da CNBB. O documento expõe casos de violência por ameaças de mortes, também citados no mapa da Fiocruz.

De acordo com os dados oferecidos na apresentação do documento, a CPT, desde a sua criação, se defrontou com conflitos no campo e o grave problema da violência contra os(as) trabalhadores(as) da terra. Assim, a partir de 1985, os dados sobre conflitos no campo começaram a ser publicados anualmente em forma de Cadernos. Neste período, o Centro de Documentação Dom Tomás Balduino trabalhou no levantamento de dados para auxiliar a luta pela resistência na terra, pela defesa e conquista dos direitos.

O documento trata de casos em que lideranças dos(as) agricultores(as) estão reivindicando garantia de direitos, liberdades respeitadas e cuidado do poder público às suas comunidades. Cabe ressaltar que tal documento também lista nomes de pessoas assassinadas, como os casos de pescadores da Baía de Guanabara e moradores(as) de assentamentos na região norte do estado do Rio de Janeiro (COMISSÃO PASTORAL DA TERRA, 2013).

As experiências que envolvem interfaces entre direitos humanos e o movimento ambientalista, aqui discutidas, trazem indagações sobre suas relações com a Educação Ambiental:

*Direito ao ambiente como direito à vida*

**Qual o papel da EA diante de experiências de degradação e desigualdade socioambientais? Qual seu papel frente às experiências de lutas socioambientais por direitos humanos, justiça e pela superação da precarização de espaços de vida?** Partimos na próxima seção de algumas experiências internacionais e nacionais de EA para a tentativa de trazer à tona respostas a tais indagações.

## 3. SITUANDO A EDUCAÇÃO AMBIENTAL EM SUA INTERFACE COM A (IN)JUSTIÇA AMBIENTAL E COM OS DIREITOS HUMANOS

A justiça ambiental e a ecologia política vêm hoje tomando parte em movimentos sociais e inspirando práticas coletivas no espaço público, as quais, por vezes, se desdobram em conflitos socioambientais. Entretanto, alguns estudos vêm apontando para uma produção ainda incipiente de sua interface com a EA (HALUZA-DELAY, 2013; KUSHMERICK et al., 2007; PELOSO, 2007; AGYMEN et al., 2009; LOUREIRO e LAYRARGUES, 2013). Cosenza e Martins (2012) demonstram que essa frágil articulação se expressa em periódicos do campo da EA tanto pela baixa quantidade de publicações, quanto pela baixa frequência de relatos de pesquisa empírica.

Tais estudos criticam discursos da corrente dominante da EA, os quais, com base unicamente na conservação de ecossistemas e recursos naturais, acabam por favorecer programas educativos irrelevantes para os sujeitos em situação de vulnerabilidade socioambiental. Inversamente, os autores citados partilham da ideia de que estreitar laços entre a justiça ambiental e a EA permite evidenciar a omissão em relação a grupos sociais em condições de vulnerabilidade e contribuir para a articulação de lutas em defesa de seus territórios. Nesse sentido, segundo Cosenza e Martins (2012), tais abordagens podem contribuir para a defesa de: 1) uma EA crítica vinculada a um projeto de sustentabilidade político de redistribuição equitativa de bens em termos globais e locais; 2) maior reconhecimento de atores sociais (indivíduos e comunidades) em situação de vulnerabilidade e risco; 3) uma educação política, ética e moral no âmbito de processos educativos que se pretendam emancipatórios em contraposição a uma prática educativa desvinculada do compromisso social.

O desenvolvimento da responsabilidade social e de uma formação orientada por princípios éticos envolve uma intrincada combinação de conhecimentos, capacidades, interesses e atitudes. Para Haluza-Delay (2013), o ensinar e o aprender sobre o ambiental implicam um dever moral para agir sobre o que se torna conhecido como injusto. Em outras palavras, para esse autor, conteúdos de Educação Ambiental devem incluir aquisição de habilidades para o falar e o escrever sobre o que está sendo aprendido, para analisar discursos e para engajar estudantes nos protagonismos contra danos socioambientais e violação de direitos humanos.

Para Kaza (2002), semelhantes processos dependem, entre outros elementos, de experiências curriculares, nomeadamente da observação, vivência e análise coletiva de situações de conflito e injustiça ambiental. Capacitar indivíduos em ambientes urbanos para construir comunidades que defendam a justiça ambiental deve ser para Peloso (2007) o foco da Educação Ambiental crítica.

No que se relaciona a ambientes escolares, para Peloso (2007), os(as) educadores(as) têm um papel único de estimular um senso de justiça em seus(suas) alunos(as). Ao formar os(as) jovens que vivem em áreas de injustiça, as quais por vezes circundam ambientes escolares, a EA pode contribuir no desenvolvimento de comunidades fortes para resistir a processos de exclusão e planejar de forma participativa territórios mais sustentáveis.

No atual cenário brasileiro, em que, segundo Arroyo (2011, p. 329), os desiguais adentram a escola pública como nunca antes, há vivências que são marcantes em seus coletivos de origem e em suas experiências agudas: as vivências degradantes do espaço, bem como de lutas por espaços mais dignos: "por teto, por terra, territórios, lugares". Porém, na escola, muitas vezes, as desigualdades que tomam corpo nas vivências dos(as) alunos(as), são valorizadas apenas como elemento motivador, como ponto de partida para a construção conceitual dos conteúdos curriculares, e não como algo a se conhecer, a se produzir conhecimento sobre, a se posicionar frente a.

O tratamento dado ao ambiente nos currículos oficiais e no material didático está distante das vivências de precarização e das lutas por novos espaços: "a preocupação dos currículos com o espaço destaca mais os impactos da ação humana sobre o espaço, sobre o entorno natural do que o impacto das formas de produção, apropriação-expropriação da terra e do espaço sobre os coletivos humanos" (ARROYO, 2011, p. 332). Para o autor, os currículos e os materiais didáticos exaltam os espaços do progresso e ignoram, desprezam, os espaços tidos representativos de retrocesso.

Segundo Arroyo, ignorar essas vivências ou maquiá-las com visões triunfalistas de progresso é ingênuo e antipedagógico. Em sua defesa, o estudo dos saberes do espaço deveria ser organizado em torno de duas grandes vivências: de um lado as vivências de negação-precarização dos espaços do viver coletivo, de outro, as vivências de resistências a esses processos e de lutas por espaços coletivos de um justo viver.

Dar visibilidade na escola às vivências de degradação, desigualdade e ativismos socioambientais pode resultar para Cosenza e Martins (2013) no fortalecimento das relações escola-comunidade em práticas educativas emancipatórias, que envolvam estudantes em suas comunidades e em problemas que as atravessam. As autoras estabelecem o desafio de pensar tais vivências como questões controversas e sugerem caminhos didáticos para acolher as controvérsias e buscar, não somente a partir delas, mas por meio delas, complexificar ideias e sentidos de estudantes.

Ao destacar diferentes olhares para o espaço, em contextos em que processos sócio-históricos de ocupação desse espaço levam a alterações brutais também de desocupação (impactações-expulsões-migrações-remoções), a escola pode produzir entendimento sobre essas tensas vivências do espaço e das externalidades muitas vezes ocultas em discursos que se ocupam em mostrar o progresso social.

Alguns caminhos no tratamento didático dessas vivências socioespaciais pela escola são sugeridos por Arroyo (2011). Uma atenta escuta das perguntas que vêm das vivências dos(as) estudantes pode ser para eles(as) uma postura inicial. A partir daí, podem-se abrir tempos e didáticas para essas questões e pô-las em diálogo com os conhecimentos sistematizados.

No caminho de didatizar as histórias de enfrentamento desses deslocamentos e dos desenraizamentos provocados pela expansão econômica, o autor sugere trabalhar com os(as) educandos(as), os esforços da família e das comunidades por melhoria do lugar, de moradia, por luz, água, esgoto, transporte, escola, posto médico, segurança, bem como trazer lideranças comunitárias para narrar essas lutas (ARROYO, 2011). Essas sugestões agregam dimensões sociais ao currículo e às práticas educativas escolares, porém não são fáceis de serem conduzidas no contexto de matrizes curriculares rígidas, circunscritas a conteúdos científicos escolares e fechadas a temáticas sociais agudas.

No entanto, esse caminho permite pensar a escola básica como um *locus* privilegiado de experiências de participação, reflexão e prática das relações entre indivíduos-coletividades, afirmação de identidades e diferenças e valorização de culturas locais. Essa direção aparece explícita nas Diretrizes Curriculares Nacionais de EA manifestas em alguns de seus princípios:

*Direito ao ambiente como direito à vida*                                                    41

c) reconhecimento e valorização da diversidade dos múltiplos saberes e olhares científicos e populares sobre o meio ambiente, em especial de povos originários e de comunidades tradicionais;

d) vivências que promovam o reconhecimento, o respeito, a responsabilidade e o convívio cuidadoso com os seres vivos e seu hábitat;

e) reflexão sobre as desigualdades socioeconômicas e seus impactos ambientais, que recaem principalmente sobre os grupos vulneráveis, visando à conquista da justiça ambiental (BRASIL, 2012).

Outras experiências de ação e investigação na interface EA e justiça ambiental assumem como eixo a identificação de conflitos socioambientais e, particularmente, as que discutem diferentes cartografias sociais constituem importantes ferramentas de denúncia e de possíveis articulações em busca de melhorias socioambientais.

Destacamos a pesquisa desenvolvida pela Universidade Federal de Mato Grosso (UFMT), iniciada em 2008, com a proposta de construir o *Mapeamento Social das Identidades e Territórios do Estado do Mato Grosso*. O projeto foi desenvolvido pelo Grupo Pesquisador em Educação Ambiental, Comunicação e Arte (GPEA) com o objetivo de mapear os grupos sociais do estado do Mato Grosso em busca de evidenciar suas identidades, territórios, culturas e os processos de conflitos e injustiças ambientais.

Em 2012 o mesmo grupo de pesquisa em EA denunciou que as disputas por terra, por água, desmatamentos, queimadas e usos abusivos de agrotóxicos compõem as principais causas propulsoras dos conflitos socioambientais em Mato Grosso (JABER e SATO, 2012, p. 21). Cabe ressaltar que o Mato Grosso tem sido alvo de fortes disputas do campo ambiental devido à expansão do ruralismo relacionado ao agronegócio. Estado localizado no Centro-Oeste brasileiro, entre o Cerrado e a Amazônia, Mato Grosso é um território reconhecido pelas grandes lutas de seus povos originários, tais como os indígenas do Xingu, povos quilombolas, grupos de Siriri, de Cururu e Dança do Congo, povos pantaneiros, ribeirinhos e famílias de agricultores-camponeses. Todos esses, entre outros, identificados na pesquisa de mapeamento da UFMT.

Essas e outras experiências que envolvem a identificação de conflitos socioambientais e/ou que fazem desses conflitos e protagonismos comunitários, processos educativos são exemplos importantes para aprofundar a relação entre EA e direitos humanos. Entendemos que o estreitamento do diálogo entre estes campos, pode vir a fortalecer a ambos, tendo em vista que buscam problematizar, refletir e buscar alternativas ao projeto societário vigente.

## CONSIDERAÇÕES FINAIS

Ao longo deste artigo, buscamos enfatizar as potencialidades da articulação entre EA e direitos humanos, partindo da necessidade de um melhor entendimento (e da superação) de sentidos hegemônicos (seja em uma ótica conservacionista ou pragmática) constituintes da EA, os quais podem contribuir para a manutenção da violação de direitos humanos que afligem determinadas comunidades.

Pensamos que a supressão das reflexões sobre tais violações, desigualdades e injustiças ambientais na construção do saber ambiental produz um esvaziamento político que reforça a dimensão ecológica da questão ambiental, em detrimento das dimensões políticas, éticas e econômica.

Desse modo, acreditamos que o estabelecimento de diálogos entre EA e direitos humanos pode ser favorecido em reflexões, investigações e práticas de EA a partir da visibilidade aos conflitos socioambientais da atualidade. Isso pode contribuir para que as políticas públicas contemplem as demandas sociais e as

*Direito ao ambiente como direito à vida*

lutas populares como eixos fundamentais no desenvolvimento socioambiental justo e verdadeiramente democrático.

Compreender e problematizar conflitos socioambientais e injustiças ambientais em processos educativos. Compreender relações entre modos de vida locais, processos de desigualdade socioambientais e produção de sentidos sobre EA. Entender e favorecer as relações escola-comunidade a partir do envolvimento de estudantes e professores(as) em protagonismos ambientais. Empreender e pesquisar processos formativos escolares e não escolares voltados à justiça ambiental. Entender a produção de educabilidade nos protagonismos ambientais comunitários. Esses são alguns dos caminhos possíveis que abrimos em novas maneiras de pensar a contribuição da pesquisa e da prática em EA diante de injustiças e desigualdades socioambientais.

## REFERÊNCIAS

ACSELRAD, H. Ambientalização das lutas sociais: o caso do movimento por justiça ambiental. *Estudos Avançados*, v. 24, n. 68, p. 103-19, 2010.

_____; MELLO, C. C. A. *O que é justiça ambiental*. Rio de Janeiro: Garamond, 2009.

AGYEMAN, J. et al. (Org.). *Speaking for ourselves*: environmental justice in Canada. Vancouver, BC: University of British Columbia Press, 2009.

ALIMONDA, H. La colonialidad de la naturaleza. Una aproximación a la ecología política latinoamericana. In: ALIMONDA, H. (Org.). *La naturaleza colonizada*: ecología política y minería en América Latina. Buenos Aires: Clacso, ago. 2011.

ARROYO, M. *Currículo, território em disputa*. Petrópolis: Vozes, 2011.

BRASIL. *Diretrizes Curriculares Nacionais para a Educação Ambiental*. Brasília, 2012.

_____. Lei federal n. 9.795/1999. Brasília, 1999.

BULLARD, R. Enfrentando o racismo ambiental no século XXI. In: ACSELRAD, H.; HERCULANO, S.; PÁDUA, J. A. *Justiça ambiental e cidadania*. Rio de Janeiro: Relume-Dumará/Fundação Ford, 2004. p. 41-68.

COMISSÃO PASTORAL DA TERRA. *Conflitos no campo Brasil — 2013*. Goiânia, 2013.

COSENZA, A. *Justiça ambiental e conflito socioambiental na prática escolar docente: significando possibilidades e limites* Tese (Doutorado em Educação em Ciências e Saúde) — Programa de Pós-Graduação em Educação em Ciências e Saúde do Núcleo de Tecnologia Educacional para a Saúde, Universidade Federal do Rio de Janeiro, Rio de Janeiro, 2014. 174 p.

_____; MARTINS, I. Controvérsias socioambientais no contexto da construção de sentidos sobre relações entre energia e ambiente na escola. *Revista Brasileira de Pesquisa em Educação em Ciências*, v. 13, n. 3, 2013.

_____; _____. Os sentidos de conflito ambiental na Educação Ambiental: uma análise dos periódicos de Educação Ambiental. *Ensino, Saúde, Ambiente*, v. 5, n. 2, p. 234-45, ago. 2012.

ESCOBAR, A. *Más allá del tercer mundo*: globalización y diferencia. Bogotá, nov. 2005.

FIOCRUZ/FASE, *Mapa da Injustiça Ambiental e Saúde no Brasil*. Disponível em: <http://www.conflitoambiental.icict.fiocruz.br/>. Acesso em: 25 ago. 2010.

HALUZA-DELAY, R. Educating for environmental justice. In: STEVENSON, R. B. et al. *International handbook of research on environmental education*. New York: Routledge, 2013. p. 394-403.

JABER, M.; SATO, M. *Mapeamento dos conflitos socioambientais de Mato Grosso*: escala de resistência. Cuiabá: UFMT, 2012.

KAZA, S. Teaching ethics through environmental justice. *Canadian Journal of Environmental Education*, v. 7, issue 1, p. 99-109, Spring 2002.

KUSHMERICK, A.; YOUNG, L.; STEINS. E. Environmental justice content in mainstream US, 6-12 environmental education guides. *Environmental Education Research*, v. 13, issue 3, p. 385-408, 2007.

LAYRARGUES, P. P. Para onde vai a educação ambiental? O cenário político-ideológico da educação ambiental brasileira e os desafios de uma agenda

*Direito ao ambiente como direito à vida* 45

política crítica contra-hegemônica. *Revista Contemporânea da Educação*, v. 7, n. 14, 2012.

LAYRARGUES, P. P.; LIMA, G. F. Mapeando as macrotendências político-pedagógicas da Educação Ambiental contemporânea no Brasil. In: ENCONTRO PESQUISA EM EDUCAÇÃO AMBIENTAL, 6., *Anais...*, Ribeirão Preto, USP, 2011.

LEFF, E. *Racionalidade ambiental*: a reapropriação social da natureza. Rio de Janeiro: Civilização Brasileira, 2006.

LOUREIRO, C. F. B. *Sustentabilidade e educação*: um olhar da ecologia política. São Paulo: Cortez, 2012.

_____; BARBOSA, G. L.; ZBOROWSKI, M. B. Os vários "ecologismos dos pobres" e as relações de dominação no campo ambiental. In: LOUREIRO, C. F. B.; LAYRARGUES, P. P.; CASTRO, R. S. (Org.). *Repensar a educação ambiental*: um olhar crítico. São Paulo: Cortez, 2009. p. 81-118.

_____; LAYRARGUES, P. P. Ecologia política, justiça e Educação Ambiental crítica: perspectivas de aliança contra-hegemônica. *Trabalho, Educação, Saúde*, Rio de Janeiro, v. 11, n. 1, p. 53-71, jan./abr. 2013.

MARTINEZ-ALIER, J. *O ecologismo dos pobres*. São Paulo: Contexto. 2007.

MENEZES, A. K.; SÁNCHEZ, C. O coletivo jovem de meio ambiente: uma contribuição à política governamental de escolas sustentáveis dos Ministérios da Educação e do Meio Ambiente. In: ENCONTRO PESQUISA EM EDUCAÇÃO AMBIENTAL (EPEA), 7., Rio Claro, 7 a 10 jul. 2013.

OBSERVATORIO DE CONFLICTOS MINEROS DE AMÉRICA LATINA (OCMAL). Disponível em: ‹http://www.jusbrasil.com.br/topicos/27231564/observatorio-de-conflictos-mineros-de-america-latina-ocmal›. Acesso em: 20 fev. 2014.

OBSERVATORIO LATINOAMERICANO DE CONFLICTOS AMBIENTALES (OLCA). Disponível em: ‹http://www.olca.cl/oca/index.htm›. Acesso em: 20 fev. 2014.

PACHECO, T. *Racismo ambiental*: expropriação do território e negação da cidadania. Disponível em: ‹http://racismoambiental.net.br/textos-e-artigos/tania-pacheco/racismo-ambiental-expropriacao-do-territorio-e-negacao--da-cidadania-2/›. Acesso em: 10 maio 2014.

PELOSO, J. Environmental justice education: empowering students to become environmental citizens. *Perspectives on Urban Education*, v. 5, issue 1, Spring 2007.

PORTO, M. F.; PACHECO, T.; LEROY, J. P. (Org.) *Injustiça ambiental e saúde no Brasil*: o mapa de conflitos. Rio de Janeiro: Editora Fiocruz, 2013.

RAMMÊ, R. S. *Da justiça ambiental aos direitos e deveres ecológicos*: conjecturas político-filosóficas para uma nova ordem jurídico-ecológica. Caxias do Sul: Educs, 2012.

REDE BRASILEIRA DE JUSTIÇA AMBIENTAL. Disponível em: ‹http://www. justicaambiental.org.br/_justicaambiental/index.php›. Acesso em: 30 abr. 2014.

SANTOS, C. F.; ARAÚJO, C. F.; MACHADO, C. R. S. Rio Grande/RS uma "zona se sacrifício". Caderno de Resumos. In: *Seminário de justiça ambiental, igualdade racial e educação*, 3., Rio de Janeiro: Editora Unigranrio, 2013.

SCHLOSBERG, D. *Defining environmental justice*: theories, movements, and nature. New York: Oxford University Press, 2007.

WALTER, M. Conflictos ambientales, socioambientales, ecológico-distributivos, de contenido ambiental... Reflexionando sobre enfoques y definiciones. *Centro de Investigación para la Paz* (CIP-Ecosocial), n. 6, p. 1-9, feb./abr. 2009.

YOUNG, I. M. *Justice and the politics of difference*. New Jersey: Princeton University Press. 1990.

ZHOURI, A.; LASCHEFSKI, K. *Desenvolvimento e conflitos ambientais*. Belo Horizonte: Editora UFMG, 2010.

_____. Vozes da resistência: mapeando os conflitos ambientais no estado de Minas Gerais. In: ENCONTRO ANUAL DA ANPOCS, 32., Caxambu, 2010.

# O DIREITO HUMANO À INTERAÇÃO COM A NATUREZA

Léa Tiriba
Christiana Profice

## INTRODUÇÃO

Entendendo que os seres humanos são, simultaneamente, seres de cultura e de natureza, e que o pertencimento à natureza foi se perdendo no processo de produção da visão de mundo moderna, nosso objetivo neste artigo é refletir sobre diferentes questões que emergem quando pensamos ao mesmo tempo em direitos humanos, ambientes naturais e educação. Na história da humanidade, as interações entre as pessoas e os ambientes naturais antecedem tanto a formalização da educação tal como a conhecemos hoje, como também a definição dos direitos humanos universais. Foi na natureza que nos tornamos humanos, foi nela e em estreita interação com seus seres e processos que vivenciamos e compartilhamos conhecimentos que fundamentam nossa cultura. Foi justamente nos ambientes naturais que desenvolvemos nossa capacidade de aprender juntos e continuamente, o que nos permitiu aprimorar saberes e fazeres cada vez mais diversos e complexos.

Os ambientes naturais foram por muito tempo nossa casa e nosso grande laboratório de experiências e formulações explicativas: neles se desenvolveu nossa habilidade em superar diferenças individuais e colaborar coletivamente na produção do conhecimento. A natureza e seus processos, hoje compreendidos por meio da teoria ecológica, serviram de base sobre a qual outros modos de conhecimento se apoiaram, como o mito, a filosofia e a religião, que por sua vez também foram cruciais para a regulação das relações entre as pessoas, o estabelecimento de seus direitos e deveres. Assim, a educação, formal ou não, emerge, em última instância, da recorrência interativa entre as pessoas nos ambientes naturais, ela é o veículo de produção e transmissão de conhecimentos, tanto de ordem prática como mais abstrata. Então podemos perceber que há uma profunda conexão entre a natureza e seus seres com o modo como as pessoas interagem entre si e, ainda, com a forma de que se valem para produzir e transmitir conhecimentos. É neste sentido que podemos compreender a biofilia, ou seja, a necessidade interativa, a atração que os humanos têm em relação à natureza, seus seres e processos (WILSON, 1995).

Como assinalamos, o foco deste artigo está na interação entre pessoas e ambientes naturais, estes últimos constituídos por todos os seres vivos, humanos e não humanos, mas também por seus componentes e processos físicos, como o ar, as montanhas e os fenômenos climáticos. Nesta acepção, nos afastamos de uma definição de natureza como ambiente intocado e compreendemos que todos os ambientes naturais do nosso planeta são antropizados, ou seja, sofreram em maior ou menor grau o impacto de atividades humanas (DIEGUES, 2001). Quando observamos uma lavoura como a da soja, percebemos como os elementos naturais foram ordenados em função de sua maior produtividade e valor comercial; em um parque ou jardim botânico, verificamos como a natureza foi estruturada para nosso bem-estar e qualidade de vida em um contexto urbano. Gostaríamos também de nos afastar da ideia de que os humanos e suas práticas são necessariamente nocivos à natureza. Atualmente sabemos que as comunidades tradicionais, como as dos indígenas brasileiros, contribuíram de modo relevante para a biodiversidade e fertilidade do solo das florestas em que viviam e vivem até hoje (SALZANO, 1992).

Inicialmente, para entendermos as relações que se colocam entre estes três componentes — direitos humanos, ambientes naturais e educação —, traçamos dois caminhos que se encontram. Um primeiro que trata da articulação da questão ambiental com os direitos humanos; o segundo, em sentido inverso, trata da articulação da questão humana com os direitos ambientais. A partir disso, buscamos provocar esta discussão com aspectos educacionais identificados na atual legislação acerca dos direitos humanos e do meio ambiente, tais como eles se colocam nas Diretrizes Nacionais para a Educação em Direitos Humanos/DNEDH (BRASIL/MEC, 2012a) e nas Diretrizes Curriculares Nacionais para a Educação Ambiental/DCNEA (BRASIL/MEC, 2012b).

Nossa intenção é a de abordarmos as relações entre seres humanos e natureza, considerando o direito ao ambiente como respeito à condição biofílica dos seres humanos, e o reconhecimento dessa condição como garantia de direitos humanos. Discutiremos de que modo os ambientes naturais são cruciais para o pleno desenvolvimento humano, sobretudo das crianças; e também como a urbanização dos ambientes de vida acabou por afastá-las da natureza. Trazemos observações realizadas em instituições de educação em contextos urbanos e rurais, apontando práticas educativas que podem dificultar ou facilitar a efetivação de um processo educacional que respeite crianças e jovens como seres biofílicos; ou seja, seres que se desenvolvem plenamente em interação com elementos do mundo natural do qual são parte.

## 1. DIREITOS HUMANOS E MEIO AMBIENTE

Os princípios básicos dos direitos humanos foram estabelecidos como universais com a Declaração dos Direitos do Homem e do Cidadão de 1789 que, em seu primeiro artigo, estabelece que "os homens nascem e são livres e iguais em direitos" (FRANÇA, 1789). Posteriormente, em 1948, a Declaração Universal dos Direitos Humanos da ONU se afirmou como uma referência para equilibrar as relações entre as pessoas, povos e nações, sobretudo quando o poder entre as partes envolvidas era desigual. Em seu artigo 1º declara: "Todos os seres humanos nascem livres e iguais em dignidade e direitos. São dotados de razão e consciência e devem agir em relação uns aos outros com espírito de fraternidade" (ONU, 1948).

Naquele momento de pós-guerras, os conflitos humanos já haviam revelado para o mundo que, para sobrevivência da própria humanidade, era necessária a adoção de limites éticos intransponíveis em relação às pessoas. Assim, a Declaração Universal dos Direitos Humanos constitui-se como um passo fundamental para a equidade entre indivíduos, povos e nações. A partir de então, passaram a existir regras universais que protegem os direitos de qualquer ser humano, independentemente de sua idade, gênero, nacionalidade, religião, pertencimento étnico ou condição social, e que devem ser observadas também por todos os seres humanos, instituições e organizações públicas e privadas, em qualquer lugar ou época. Ou seja, os direitos humanos valem para qualquer um e constituem uma conquista da luta organizada de pessoas e organizações que defendem princípios éticos universais.

Este equilíbrio de forças entre pessoas, ao menos nos planos ético e legislativo, ou seja, a conquista dos direitos humanos, seria a base sobre a qual todos os demais direitos se apoiariam, entre eles, os direitos das crianças definidos em 1959, na Declaração dos Direitos das Crianças (ONU, 1959). As crianças, mais frágeis entre os seres humanos, em qualquer condição, demandam

*Direito ao ambiente como direito à vida*  51

uma proteção específica, atenta à sua vulnerabilidade e fragilidade diante do mundo adulto. A violência, a exploração do trabalho infantil, a prostituição de jovens, todas essas práticas humanas precisavam ser interditadas por meio de regras que se alinhavem àquelas estabelecidas nos direitos humanos. A educação passou a ser um dos direitos das crianças, em contraposição à exploração do trabalho infantil — lugar de criança não é mais na fábrica, nem na lavoura, nem na rua, é na escola. O direito e, posteriormente, a obrigatoriedade da educação formal, por meio da escolarização compulsória, definiu e garantiu uma nova forma de infância, protegida dos espaços dos adultos, dedicada ao desenvolvimento da pessoa em sua preparação para o exercício da cidadania.

Ao procurarmos verificar a relação entre o meio ambiente e os direitos humanos, notamos que no documento da Declaração dos Direitos do Homem e do Cidadão de 1789, nem o ambiente nem a natureza são mencionados; o mesmo se dá na Declaração Universal dos Direitos Humanos promulgada pela ONU em 1948. Apenas na Declaração dos Direitos da Criança aprovada na ONU em 1959 o termo ambiente aparece, mas designado apenas por seu aspecto social, devendo ser "de afeto e de segurança moral e material", de modo a garantir o pleno desenvolvimento da criança (Princípio 6º); e "de compreensão, de tolerância, de amizade entre os povos, de paz e de fraternidade universal" (Princípio 10º). Esta ausência, nos documentos oficiais, dos aspectos naturais do ambiente atesta como foi tardia a sua consideração em relação às demais questões de direitos humanos. A Declaração de Estocolmo de 1972[1] foi o primeiro documento multilateral a tratar diretamente da interação entre os seres humanos e o meio ambiente e a propor um novo balizamento ético para a interação

---

1. Em 1972 foi organizada pela ONU a Primeira Conferência Mundial sobre o Homem e o Meio Ambiente, em Estocolmo, na Suécia. Esta necessidade se impôs diante da pressão exercida por cientistas, sobretudo das Ciências Naturais, que já alertavam sobre os graves problemas ambientais decorrentes do impacto das atividades humanas sobre a natureza. Deste encontro foi elaborado o documento conhecido como Declaração de Estocolmo.

entre as pessoas e os ambientes, seres e recursos naturais, ainda que a natureza e seus recursos sejam estabelecidos em função de sua utilidade. No seu Princípio 1º estabelece que

> [...] o homem tem o direito fundamental à liberdade, à igualdade e ao desfrute de condições de vida adequadas em um meio ambiente de qualidade tal que lhe permita levar uma vida digna e gozar de bem-estar, tendo a solene obrigação de proteger e melhorar o meio ambiente para as gerações presentes e futuras (ONU, 1972).

E em seguida, seu Princípio 2º preconiza que

> os recursos naturais da terra incluídos o ar, a água, a terra, a flora e a fauna e especialmente amostras representativas dos ecossistemas naturais devem ser preservados em benefício das gerações presentes e futuras, mediante uma cuidadosa planificação ou ordenamento (idem, ibidem).

Posteriormente, em 1987, a Comissão Brundtland,[2] em seu relatório Nosso Futuro Comum, definiu o desenvolvimento sustentável como "o atendimento das necessidades do presente sem comprometer a capacidade das gerações futuras de satisfazer suas próprias necessidades" (BRUNDTLAND, 1987). Desde então a sustentabilidade foi estabelecida como condição ou qualidade ideal para o complexo sistema de interpelações dos humanos com o meio ambiente. No Brasil, a Constituição Federal (CF), de 1988, no inciso VI do § 1º do artigo 225 estabeleceu:

> Todos têm direito ao meio ambiente ecologicamente equilibrado, bem de uso comum do povo e essencial à sadia qualidade de vida, impondo-se ao poder público e à coletividade o dever de defendê-lo e preservá-lo para as presentes e futuras gerações (BRASIL, 1988).

---

2. Gro Harlem Brundtland, primeira-ministra da Noruega, chefiou a Comissão Mundial sobre o Meio Ambiente e Desenvolvimento, em 1987.

Denota-se daí que o equilíbrio entre pessoas e ambientes naturais partia do referencial da qualidade de vida humana, este é considerado o fator mais importante; o equilíbrio da relação com o meio ambiente é antropocêntrico, porque decorre da garantia dela. Na mesma direção de primazia dos aspectos sociais dos ambientes, o compromisso com o desenvolvimento sustentável foi referendado pela Rio-Eco 92 que, em sua Declaração sobre Ambiente e Desenvolvimento, estabeleceu como Princípio 1º: "Os seres humanos estão no centro das preocupações com o desenvolvimento sustentável. Têm direito a uma vida saudável e produtiva, em harmonia com a natureza" (ONU, 1992). Desde então, um Direito Internacional do Meio Ambiente se estabeleceu como referência para as agendas internacionais contemporâneas (SCHMIDT, 2010). Recentemente, na Declaração Final da Conferência da ONU sobre Desenvolvimento Sustentável (Rio + 20), a dimensão social permanece em primeiro plano.

> Reconhecemos que a erradicação da pobreza, a mudança dos modos de consumo e produção não viáveis para modos sustentáveis, bem como a proteção e gestão dos recursos naturais, que estruturam o desenvolvimento econômico e social, são objetivos fundamentais e requisitos essenciais para o desenvolvimento sustentável (ONU, 2012, p. 3).

Entretanto, desde a ECO-92, movimentos sociais e Organizações não Governamentais (ONGs) de todo o mundo, reunidos em eventos paralelos aos das conferências oficiais, já se referiam, em seus documentos, à importância do respeito a todas as formas de vida, aos seus ciclos e à necessidade de impor limites à exploração dessas formas de vida pelos seres humanos.[3] Da mesma forma, em 2012, paralelamente ao evento oficial — a Rio + 20 —,

---

3. Ver *Tratado de educação ambiental para sociedades sustentáveis e responsabilidade global.* Disponível em: <http://portal.mec.gov.br/secad/arquivos/pdf/educacaoambiental/tratado.pdf>.

realizou-se a Cúpula dos Povos que, em sua Declaração final, alerta para a importância da tessitura de uma nova visão de mundo, que valore não apenas os humanos, mas também as demais espécies.

> A defesa dos bens comuns passa pela garantia de uma série de direitos humanos e da natureza, pela solidariedade e respeito às cosmovisões e crenças dos diferentes povos, como, por exemplo, a defesa do "Bem Viver" como forma de existir em harmonia com a natureza, o que pressupõe uma transição justa a ser construída com os trabalhadores(as) e povos. [...] A diversidade da natureza e sua diversidade cultural associada é fundamento para um novo paradigma de sociedade (idem, ibidem).

Como podemos verificar, a visão oficial segue sendo antropocêntrica, isto é, focada nos humanos, alheia ao fato de que somos parte de uma rede:

> [...] cujo equilíbrio depende de cooperação entre espécies que se associam, que coevoluem há milhões de anos. Quanto maior a rede de relações, quanto maior a diversidade de espécies, maior a possibilidade de preservação da Terra. Os sistemas sociais são parte desta grande rede, que busca seu equilíbrio através de processos de autorregulação. As intervenções humanas não podem ameaçar a sua estabilidade, os seus limites, sob pena de colapsar a capacidade de auto-organização da matéria, que dá origem a todos os seres vivos (TIRIBA, 2010, p. 5).

Agora veremos como os direitos humanos foram incorporados ao movimento ambientalista. Conforme indicamos anteriormente, no início dos anos 1970, quando surgiram as primeiras vozes e organizações ambientalistas, o movimento de defesa do meio ambiente era focado na proteção da biodiversidade e das paisagens naturais. As pessoas e as atividades humanas eram responsabilizadas por todo dolo causado ao planeta e demais seres com os quais o compartilhamos. Paulatinamente, esta relação de antagonismo entre práticas humanas e meio ambiente natural com seus recursos foi ganhando novos equilíbrios, buscando contemplar, além dos aspectos naturais, as dimensões sociais e econômicas, acompanhando o modelo da sustentabilidade. No conhecimento ecológico, a noção de sustentabilidade fez com o que o foco passasse **progressivamente dos ecossistemas para as comunidades e enfim para as paisagens, incorporando progressivamente o elemento humano em seus modelos** (SILVA JR. e FERREIRA, 2013). Se, nos primórdios da ciência ecológica, os humanos eram uma ameaça aos ambientes naturais, agora a ênfase passou para o tipo de interação entre estes elementos, as pessoas passaram a fazer parte das problemáticas ambientais e também das soluções. O mesmo se deu nas ciências econômicas com a noção de sustentabilidade fundamentando conceitos, tais como o de capital natural e de cenários. No plano das ciências sociais, a sustentabilidade nos remete ao capital social de dada comunidade e também para seus mecanismos de interação com o meio ambiente. Silva Jr. e Ferreira (2013) acreditam que no plano real existem formas híbridas de compreender a sustentabilidade que geram diferentes equilíbrios entre os seus fatores biofísicos, econômicos e sociais.

Na mesma direção, Nascimento (2012) argumenta que a noção de sustentabilidade nasce tanto na ecologia, interessada na capacidade de ecossistemas se recuperarem e se reestabelecerem de intervenções humanas, como na economia, preocupada com a discrepância entre padrões de consumo e a disponibilidade e distribuição de recursos naturais e humanos. Para a autora, uma sustentabilidade apoiada na tríade ecológico-econômico-social é uma sustentabilidade despolitizada, que não inclui a dimensão política em seu equilíbrio. Nessa perspectiva crítica, o embate político é necessário para a mudança, não apenas o avanço técnico-científico. A elucidação e a busca de resolução dos conflitos ambientais, como o déficit de moradia ou a distribuição desigual de recursos hídricos em uma comunidade, emergem como fator crucial para a sustentabilidade de determinado território. Outra dimensão destacada pela autora é a cultural, plano em que se formulam os valores compartilhados pelas pessoas. Conforme essa perspectiva crítica, diante dos atuais problemas ambientais, podemos vislumbrar três respostas alternativas: o avanço técnico-científico, o decrescimento e a real possibilidade de uma catástrofe ambiental (NASCIMENTO, 2012). Assim, distante de uma ecologia que exclua o elemento humano, a desigualdade entre as pessoas em relação ao acesso aos recursos naturais e sociais emerge como o principal causador de incertezas para a humanidade.

Na perspectiva de uma Educação Ambiental que é crítica, haverá água e alimento para todos do planeta, haverá trabalho para todas as famílias de modo a garantir-lhes seu sustento, haverá espaço e ar puro para que todas as crianças se desenvolvam de forma saudável desde que compreendamos que:

> o problema ambiental não está na quantidade de pessoas que existe no planeta e que necessita consumir cada vez mais os recursos naturais para se alimentar, vestir e morar. É necessário entender que o problema está no excessivo consumo desses recursos por uma pequena parcela da humanidade e no desperdício e produção de artigos inúteis e nefastos à qualidade de vida (REIGOTA, 2004, p. 7).

Assim, o grande desafio estaria na transformação das relações econômicas e culturais entre a humanidade e a natureza e entre os homens, a partir da tessitura de uma nova cultura ambiental fundada na ética do cuidado, respeitadora da diversidade de culturas e da biodiversidade. Este seria o desafio de uma Educação Ambiental que é política "no sentido em que reivindica e prepara os cidadãos para exigir justiça social, cidadania nacional e planetária, autogestão e ética nas relações sociais e com a natureza" (REIGOTA, 2004, p. 10).

Esse projeto está na contramão de uma lógica capitalista--urbano-industrial em que os países e as empresas devem progredir, tornarem-se consumidores plenos de bens e serviços, atentos aos seus próprios interesses, sem considerar a capacidade de a natureza restabelecer-se. Na mesma linha alimentadora deste modelo de desenvolvimento, as pessoas devem assumir um padrão de consumo pautado no impulso imediato do desejo de ter e no desconhecimento dos processos que envolvem a produção do artigo ou serviço consumido. É como se adquirir o *status* de consumidor pleno fosse o mais universal dos direitos humanos, sem que nada pudesse impedir sua realização.

É nesse ponto que nos defrontamos com a evidente realidade de que a Terra não é capaz de oferecer recursos para garantir que todos os seres humanos realizem seu potencial de consumo coerente com o modelo de progresso e desenvolvimento vigente. Assim, para o movimento ambientalista que tem uma perspectiva crítica desse modelo, se a desigualdade não for resolvida, a vida como um todo estará ameaçada, já que necessitaríamos de vários planetas para assegurar a produção e o consumo ilimitados. É nesse contexto que a proteção do meio ambiente se enuncia como elemento de proteção dos direitos humanos (HAMMRSTRÖN e CENCI, 2012); em que há a necessidade de uma equiparação de *status* do direito ao meio ambiente saudável com os demais direitos humanos, condicionando estes últimos à proteção ambiental (SCHIMDT, 2010).

De acordo com o que vimos até aqui, quando o aspecto social entrou para a equação do equilíbrio ambiental, o meio ambiente deixou de ser assunto apenas de cientistas e naturalistas e foi incorporado pelos movimentos sociais que, por sua vez, deram nova direção ao pensamento ambientalista, sobretudo na definição de prioridades de luta. Atualmente, a desigualdade social é considerada como um dos mais graves problemas ambientais a serem enfrentados por pessoas, povos e nações. Nesse contexto, os ambientes e os modos de vida das pessoas no último século passaram por alterações radicais, tendo como características principais o afastamento dos ambientes naturais na direção da urbanização, a industrialização dos processos de produção, até alcançar a sociedade globalizada de consumo e descarte em que vivemos.

Vimos também que, somente a partir da década de 1970, a questão ambiental começou a inserir-se na cena das preocupações humanas, envolvendo todos os direitos, não apenas os dos humanos, mas também dos demais seres e sistemas vivos em nosso planeta. Como pensar os direitos humanos em face dos problemas ambientais? Como a educação pode participar desta problemática? Esta discussão está em curso, na verdade fazemos parte dela, cabe a nós pensar agora como a dimensão ambiental pode ser abordada nos contextos educativos, sejam formais ou informais. A partir dessas questões, nosso artigo buscou compreender qual o papel do meio ambiente natural frente aos direitos humanos, para agora contextualizar esta discussão no plano da educação, tendo como referência as Diretrizes Nacionais para a Educação em Direitos Humanos e para a Educação Ambiental (BRASIL/MEC, 2012a; BRASIL/MEC, 2012b).

## 2. AS DIRETRIZES CURRICULARES NACIONAIS PARA A EDUCAÇÃO EM DIREITOS HUMANOS E PARA A EDUCAÇÃO AMBIENTAL

As diretrizes nacionais recentes, referentes à Educação em Direitos Humanos (DNEDH) e à Educação Ambiental (DCNEA) se articulam em torno da noção de sustentabilidade e se apoiam em uma ampla gama de aspectos a serem considerados. Nas DNEDH, o direito ambiental é apresentado como parte dos direitos universais,

Artigo 2, § 1º Os Direitos Humanos, internacionalmente reconhecidos como um conjunto de direitos civis, políticos, sociais, econômicos, culturais e ambientais, sejam eles individuais, coletivos, transindividuais ou difusos, referem-se à necessidade de igualdade e de defesa da dignidade humana (BRASIL/MEC, 2012a).

Entre seus princípios, o sétimo e último tratam da "sustentabilidade socioambiental", ou seja, pressupõem a articulação equilibrada de seus aspectos biofísicos, econômicos e sociais, propondo um modelo de desenvolvimento igualitário e universal.

O mesmo se dá nas DCNEA (BRASIL/MEC, 2012b, p. 3-4), quando alcançamos uma noção de ambiente plural, que busca integrar seus aspectos naturais, sociais e econômicos, também pautada em uma ética socioambiental. São princípios da Educação Ambiental, colocados no seu artigo 12:

> I — totalidade como categoria de análise fundamental em formação, análises, estudos e produção de conhecimento sobre o meio ambiente;
> II — interdependência entre o meio natural, o socioeconômico e o cultural, sob o enfoque humanista, democrático e participativo;
> III — pluralismo de ideias e concepções pedagógicas.

A totalidade como perspectiva básica indica que todo saber acerca do meio ambiente não pode jamais ser parcial, ele é necessariamente multifacetado, já que busca dar conta de um objeto tão complexo. Na Educação Ambiental não podemos tratar as dimensões da sustentabilidade de modo multidisciplinar, cada ciência investigando a sua parte e depois juntando tudo. De partida já se impõe a necessidade de uma abordagem holística, interdisciplinar, na qual o conjunto fale mais que suas partes. O pluralismo de ideias e concepções pedagógicas previstos nos princípios também nos alerta que a ciência, por mais holística que se esforce em ser, não pode sozinha compreender o meio ambiente, ela é em si mesma parcial. Outros saberes não científicos como a filosofia, os mitos e os conhecimentos tradicionais são fontes legítimas de princípios e práticas para a Educação

Ambiental. A partir desses princípios, a Educação Ambiental deve promover "espaços educadores sustentáveis" (Ibidem, idem, p. 5) que se orientem pelos "saberes e valores da sustentabilidade" (Ibidem, idem).

De acordo com as DCNEA, a sustentabilidade que emerge dos princípios da Educação Ambiental deve ser incorporada pelo sistema de ensino e pelas instituições educativas não apenas em seus conteúdos, mas também em seus métodos e mesmo em seus prédios. Ou seja, a Educação Ambiental que acontece nas escolas deve subverter seus meios e práticas mais convencionais e ousar na direção de sua abertura para a comunidade local e incorporação de questões ambientais globais. Conforme esse princípio, o próprio espaço escolar deve ser um educador para a sustentabilidade, proporcionado percepções críticas e estimulando novos padrões de interação entre as pessoas e o meio ambiente. Assim, a escola ambiental se afasta cada vez mais da escola tal como a conhecemos fechada em si e em seus conhecimentos, alheia ao que se passa do lado de fora, nas ruas, nos rios. A escola da sustentabilidade é crítica em relação aos modelos tradicionais de educação que excluem os saberes não acadêmicos e educam as pessoas para a realização de seus desejos individuais. Ainda que a Educação Ambiental também se efetive em contextos educativos não formais, as instituições de ensino têm um papel crucial para a formação de pessoas críticas, no que se refere a interações humanas com os demais seres do planeta. Conforme Hammarströn e Cenci (2012), a Educação Ambiental constitui-se como elemento que garante o direito humano a um ambiente saudável.

São as instituições escolares, nas quais as crianças passam a maior parte de seu tempo, que podem e devem, por meio de seus currículos e de sua própria gestão de ensino, tornar efetiva a Educação Ambiental, ao menos no que diz respeito à sua modalidade formal. As DCNEA (BRASIL/MEC, 2012b) propõem uma articulação das forças da sustentabilidade em jogo nos espaços

*Direito ao ambiente como direito à vida*

e atividades escolares. Nelas, os ambientes naturais, excluídos dos espaços escolares, bem como outros saberes, tais como os tradicionais, são convocados para a formulação da sustentabilidade. As ideias-chave dessa perspectiva são "visão integrada", "pensamento crítico", "diversidade dos múltiplos saberes e olhares", "vivências que promovam o reconhecimento, o respeito, a responsabilidade e o convívio cuidadoso com os seres vivos e seu hábitat", "reflexão sobre as desigualdades socioeconômicas" e "uso das diferentes linguagens" (Ibidem, idem, p. 5-6).

Desse modo, vemos que a sustentabilidade que emerge das DCNEA abrange suas dimensões ecológicas, econômicas e sociais, avança na direção de uma Educação Ambiental crítica diante dos problemas ambientais contemporâneos, seja em escala local ou global; e ainda valoriza os saberes tradicionais e populares como fundamentais à construção de uma nova relação com o meio ambiente. Da mesma forma, valoriza a reflexão sobre as desigualdades socioeconômicas e abre-se a outras linguagens, rompendo com o império exclusivo da escrita.

Queremos chamar a atenção para o item que se refere às experiências de convívio cuidadoso com os seres vivos e seu hábitat, num contexto urbano em que a escola é o local onde as crianças passam a maior parte de seu tempo e, geralmente, em ambientes fechados. Vimos que o direito à educação é um dos direitos humanos; a educação compulsória foi uma estratégia para retirar as crianças do mercado de trabalho, no qual seus demais direitos básicos não eram assegurados por força da desigualdade de poderes entre adultos e crianças. O objetivo era tirar a criança do trabalho na zona rural, na indústria, nas ruas, proporcionar um ambiente protegido para sua condição vulnerável atual e prepará-la para seu futuro como cidadã. Contudo, a escola continuou e fortaleceu o processo de afastamento das crianças dos ambientes naturais. Atualmente, as atividades escolares, ainda distantes dos princípios e orientações das DCNEA (BRASIL/MEC, 2012b), são cada vez mais realizadas em ambientes construídos, fechados, com iluminação e temperatura controladas artificialmente. O meio ambiente e seus problemas certamente estão mais presentes nas discussões cotidianas, resultado de campanhas ambientais veiculadas pela grande mídia e no discurso atual do politicamente correto. Contudo, como veremos mais adiante, ainda há muito a ser feito para uma Educação Ambiental de fato, integral, capaz de colocar em prática as diretrizes curriculares nacionais.

## 3. AS CRIANÇAS E OS AMBIENTES NATURAIS

A crescente urbanização mundial dos espaços de vida faz com que, no Brasil, a população rural seja cada vez menor: dos quase 200 milhões de habitantes mais de 169 milhões vivem em zonas urbanas (IBGE, 2010). Atualmente, as crianças passam a maior parte de seu tempo na escola, ou seja, em ambientes construídos e, muitas vezes, isolados dos espaços naturais. E é praticamente consensual, entre os estudiosos desse fenômeno, a ideia de que o afastamento dos ambientes naturais é prejudicial ao pleno desenvolvimento das crianças consideradas como seres biopsicossociais. Strife e Downey (2009) destacam a importância cognitiva, emocional e física da exposição da criança à natureza. Wells (2000) postula pela influência positiva dos espaços verdes no desenvolvimento cognitivo, sobretudo na primeira infância, quando o efeito do ambiente é mais prevalente sobre a plasticidade infantil. Whyte (2009) destaca o papel dos ambientes naturais na aprendizagem, lamentando a exclusão da natureza dos pátios, recomendando que as áreas de recreação das escolas sejam projetadas e construídas priorizando a praticidade da manutenção. Rissotto e Tonucci (2002) ressaltam a importância da interação ambiental livre e com certo grau de autonomia de movimento, para a aquisição, processamento e estruturação do conhecimento ambiental. Nos ambientes naturais as crianças podem desenvolver seus próprios padrões de aprendizagem, facilitando uma construção conjunta do conhecimento que parta da perspectiva da criança (WALLER, 2006). O que essas recentes pesquisas nos indicam é que o afastamento das crianças dos ambientes naturais, decorrente da progressiva urbanização dos espaços de vida, gera problemas para o desenvolvimento biopsicossocial; problemas que devem ser levados em consideração para a estruturação dos espaços escolares e de suas atividades.

Grinde e Patil (2009) argumentam que, em função de nossa longa história evolutiva, somos adaptados para viver em ambientes verdes, dado que a vegetação sempre nos ofereceu alimento, abrigo e indicadores de presença de água. Diante disso, a ausência de experiências interativas em ambientes naturais pode ser causa de estresse em seres particularmente suscetíveis, como as crianças. O corpo e alguns órgãos parecem ser mais sensíveis à ausência de verde; o cérebro, em sua complexidade, pode ser o mais atingido, já que sua maturação é fortemente dependente das interações com o ambiente. Os autores acreditam que talvez isto explique por que as doenças mentais são um dos mais graves problemas de nossa sociedade ocidental e urbana, e destacam os efeitos restaurativos da natureza, este estímulo complexo e envolvente que permite a associação entre prazer estético, bem-estar e saúde (GRINDE e PATIL, 2009).

Para compreender melhor a importância da interação entre crianças e ambientes naturais, tanto para o bem-estar infantil como para a solução de problemas ambientais, destacamos dois conceitos da área de estudos pessoa-ambiente, a biofilia (WILSON, 1995) e a desordem do déficit de natureza (LOUV, 2006).

Somos seres biológicos e, portanto, biofílicos, porque nos identificamos, temos uma tendência a afiliar-nos ao que é vivo, uma atração pelos elementos e seres naturais (WILSON, 1995). A biofilia se refere ao apego que temos ao mundo natural e seus seres, a um senso de pertencimento, de filiação e de união à natureza. É definida como tendência inata a focar na vida e processos vivos (KELLERT, 1993, p. 42). Quando se encontram em ambientes naturais, as crianças partem para sua exploração, por meio de uma manipulação sensitiva e motora, revelando sua afinidade para a interação com elementos e seres da natureza (WILSON, 1995). Porém, essa condição biofílica necessita de interações recorrentes e significativas para se consolidar. Se as crianças não interagirem com os ambientes naturais, sua condição de ser biofílico não se desenvolve e até mesmo é reprimida, por falta de interações com o ambiente que favorece a sua realização. De acordo com Louv (2006), o distanciamento entre as crianças e os ambientes naturais são geradores de um fenômeno que ele denomina desordem do déficit da natureza, um custo gerado pela pouca interatividade com ambientes de predominância natural, que se caracteriza por uma ampla sorte de desordens emocionais e cognitivas com prejuízos pessoais e sociais. Várias razões provocam a diminuição das interações entre pessoas e ambientes, entre elas, a falta de acesso, a competição dos artigos eletrônicos, o tráfego perigoso, uma quantidade maior de tarefas escolares a serem realizadas em casa, além de outras pressões temporais da rotina doméstica.

Alguns autores afirmam que o afastamento entre crianças e ambientes naturais também pode contribuir para a formação de gerações pouco comprometidas com os problemas ambientais, pois existe uma relação estreita entre sentir-se parte do mundo natural e protegê-lo. Schultz e seus colaboradores (2004) relacionam atitudes ambientais com o sentimento de pertencimento ao mundo natural: as pessoas podem ter preocupações mais egoístas ou, ao contrário, biosféricas. Pyle (2003) e Chawla (2006) também argumentam pela crucialidade do contato direto com a natureza para as atitudes ambientais da criança e, consequentemente, para a sustentabilidade futura do planeta. A perda de contato e a alienação em relação aos ambientes naturais gerariam uma espécie de extinção da experiência, ou seja, um ciclo de desconexão e progressiva desfiliação da natureza.

Nessa linha, podemos considerar a diminuição de interações entre crianças e ambientes naturais como a primeira causa de todos os problemas ambientais, já que o não desenvolvimento pleno da biofilia acarretaria uma insensibilização ao mundo vivo, e, consequentemente, uma desconexão em relação à natureza. Se as crianças não interagem com a natureza fica comprometida sua afinidade com ela, a atribuição de seu valor, seu apelo afetivo, sua condição de fonte de conhecimento. Longe de ser um problema apenas do mundo ocidentalizado, exclusivo de países desenvolvidos, a diminuição e mesmo a extinção das experiências em ambientes naturais alcançam grande parte do planeta. Muitos autores indicam a progressiva substituição de atividades ao ar livre e em ambientes naturais por interações com dispositivos eletrônicos, como tevê, computador, *videogame*, celular, como uma substituição da biofilia pela videofilia (ZARADIC e PERGAMS, 2007). As consequências são sedentarismo e obesidade infantil acarretando distúrbios como diabetes, aumento de sofrimento psíquico infantil, como no caso dos distúrbios de déficit de atenção (DDA) e demais doenças passíveis de serem relacionadas ao modo de vida confinado que levam.

## 4. ESPAÇOS ESCOLARES E AMBIENTES NATURAIS

Destacamos a seguir algumas pesquisas que observaram como os ambientes e seres naturais estão presentes ou ausentes em realidades escolares urbanas e rurais. Nos contextos urbanos brasileiros, o emparedamento das crianças em creches e escolas constitui mais a regra do que a exceção. Em um estudo realizado nos Centros de Educação Infantil (CEIs) de Blumenau (SC), verificou-se que na maioria das unidades que atendem por um período de 12 horas, as crianças permanecem em espaços entreparedes durante 8, 9, 10 horas ou mais (TIRIBA, 2005). Em 4 dos 40 CEIs pesquisados, elas dispõem, diariamente, de um curto período de 30 a 60 minutos ao ar livre. No caso dos bebês e dos que têm até 2 ou 3 anos, a situação de emparedamento se acentua devido à dependência física, à falta de carrinhos, à localização dos berçários, às rotinas de troca e alimentação, ao pequeno número de adultos. Nas unidades que não dispõem de solário, até mesmo o banho de sol pode não acontecer! Em 25% dos CEI investigados, as janelas não estão ao alcance das crianças, ou não existem. Ou seja, além de permanecer muito tempo em espaços entreparedes, são impossibilitadas de acesso à vida que transcorre lá fora. Perguntadas sobre os motivos da falta de contato com o mundo natural, as professoras apontam razões de segurança, saúde e mesmo higiene: o ambiente escolar ideal é aquele que se caracteriza por maior previsibilidade e controle do espaço, do tempo, das pessoas e seus movimentos.

Outros estudos brasileiros, sobretudo os realizados em unidades de educação infantil, também constatam a ausência de elementos do mundo natural nas creches urbanas como uma opção pautada na praticidade e mesmo higiene e salubridade dos espaços fechados (ELALI, 2003), em evidente desrespeito ao que está assegurado na lei, ao apontar o direito das crianças a experiências que promovam "a interação, o cuidado, a preservação e o conhecimento da biodiversidade e da sustentabilidade da vida na Terra, assim como o não desperdício dos recursos naturais" (BRASIL/MEC, 2010, art. 9, IX).

Mesmo em centros urbanos de pequeno porte, como Miracema (RJ), cidade do noroeste fluminense, habitada por cerca de 27.000 pessoas, durante trabalho de assessoria à Secretaria Municipal de Educação, pudemos observar, em uma escola rural deste município,

> [...] crianças de três a quatro anos, enfileiradas em pequenas e coloridas carteiras escolares individuais, e uma professora que se esmerava em dar aula de teoria dos conjuntos. Na sala ao lado, crianças bem menores, algumas ainda bebês de 1 ano e pouco, cercadas por todos os lados das mesmas carteiras coloridas. Do lado de fora, um colorido parque infantil e, depois da cerca, os campos, as árvores, os animais, o sol, as nuvens o vento [...]. Sem vídeos, computadores e outros recursos pedagógicos mais sofisticados, o que é possível uma professora ensinar e as crianças aprenderem num lugar como este? (Diário de campo, 21/5/2001)

Fica evidente, nas experiências relatadas, a pouca viabilidade de uma Educação Ambiental plena em escolas que emparedam, que fomentam, junto às crianças bem pequenas, o afastamento entre pessoas e ambientes naturais, por não compreenderem a vida como uma vasta rede de relações em que todos os seres estão interconectados (MORIN, 1990).

E o que acontece nas escolas dos meios rurais? Como funcionam as instituições educativas não urbanas, como elas interagem com os ambientes naturais em que se encontram? Em pesquisas realizadas com crianças matriculadas em escolas situadas em Áreas de Proteção Ambiental (APA) e em Escolas Indígenas, pudemos observar outras possibilidades de organização das rotinas.

Na primeira delas, localizada em APA dos biomas de Mata Atlântica e de Semiárido da Bahia e no entorno da Reserva Biológica de Una, no mesmo estado, o que observamos foi uma abertura do espaço escolar para a natureza circundante (PROFICE, 2007; PROFICE, PINHEIRO, FANDI e GOMES, 2013). Constatamos uma continuidade entre o lado de dentro e o lado de fora, sem que esses espaços sejam excludentes. A própria precariedade dos prédios escolares rurais, geralmente adaptados nas construções disponíveis e em nada planejadas para o atendimento da comunidade escolar, torna o confinamento impraticável. As salas são apertadas, quentes, com carteiras inadequadas para crianças de diferentes idades que compartilham a mesma classe não por uma opção pedagógica, mas porque há pouco espaço e educadores(as) disponíveis. A depender das circunstâncias políticas locais, as escolas são mais ou menos equipadas com materiais adequados, condições apropriadas de salubridade e fornecimento de merenda. Portanto, o lado de fora, quando as condições do clima são favoráveis, é utilizado como espaço de convívio, recreação e movimento. Em dado momento da rotina escolar, as portas se abrem e as crianças se encontram em seu próprio meio natural, transitando entre árvores e rios que conhecem bem. Encontramos aqui condições favoráveis para uma Educação Ambiental, mas não podemos nos iludir de que ela vá acontecer de modo espontâneo. Mesmo a criança que interage recorrentemente com os ambientes naturais deve ser estimulada a adotar uma perspectiva holística, conforme propõem as DCNEA (BRASIL/MEC, 2012b), quer dizer, pautada em uma visão integrante de mundo que articule as condições ambientais locais com as globais e incorpore na prática escolar a inclusão de saberes, para além daqueles acadêmicos. Fica evidente que no entorno de reservas e de áreas de proteção ambiental, a sustentabilidade local passa necessariamente pela Educação Ambiental de suas comunidades, pelo favorecimento da biofilia desde a mais tenra infância.

Uma última experiência que trazemos para nossa discussão é a que pudemos observar no contexto da educação indígena, tal como ela acontece na Escola Indígena Tupinambá de Olivença (EITO), em Ilhéus, na Bahia (TIRIBA e PROFICE, 2012). As escolas indígenas obedecem à diretrizes específicas, estabelecidas por lei e, mais recentemente, aprimoradas nas Diretrizes Curriculares Nacionais para a Educação Escolar Indígena na Educação Básica (DCNEIEB) (BRASIL/MEC, 2012c). O povo Tupinambá, sobretudo no sul da Bahia, foi um dos primeiros a estabelecer contato com os colonizadores europeus e, desse modo a assimilar a cultura ocidental. Seu modo de vida foi então profundamente alterado no que diz respeito à sua relação com a natureza, com o próprio corpo e com a organização de seu tempo e disciplina.

*Direito ao ambiente como direito à vida*

Contudo, mesmo após quinhentos anos de contato, ainda pudemos observar nas práticas escolares alguns aspectos que fazem da EITO uma escola diferente. O próprio tempo parece ser vivido de outra forma, menos atrelado a planejamentos fragmentados e rígidos e mais disponível ao ritmo das crianças que, aliás, são vistas sempre como parte do grupo e raramente como entes individuais. Chama a atenção a rotina de atividades diárias ao ar livre, na contramão à lógica de aprisionamento que caracteriza, de modo geral, as experiências urbanas. Aqui também o ambiente natural do lado de fora não é estranho às crianças e educadores; a utilização dos espaços ao ar livre e o contato contínuo com a natureza, com seus elementos e processos, caracterizam as práticas educativas. No núcleo escolar que se localiza no litoral, o Katuana, as crianças saem do prédio e caminham por diferentes ambientes naturais como a praia, a mata do entorno, uma queda-d'água. Os diversos núcleos escolares distribuídos na reserva indígena se localizam em pequenas casas adaptadas para tal função, como é comum em comunidades rurais.

As experiências das escolas situadas em APA, assim como as de educação escolar indígena, podem servir como inspiração para as escolas urbanas, na medida em que valorizam a relação entre seres humanos e natureza, em vez de colocarem obstáculos ao desenvolvimento da biofilia, essa tendência inata à proximidade com o que é vivo, orgânico ou inorgânico. Se a interação com os ambientes naturais é condição para o desenvolvimento pleno das crianças, ela é um direito humano, e não algo que os(as) professores(as) e a escola devem oferecer como lazer ou como prêmio.

## CONSIDERAÇÕES FINAIS

Em nosso artigo, buscamos abordar as relações entre direitos humanos, ambientes naturais e educação. Iniciamos apreciando como se deu a articulação entre os temas referentes aos direitos humanos e o meio ambiente para, em seguida, discutir as suas respectivas diretrizes educacionais. Fizemos também uma breve apresentação dos conceitos e pesquisas atuais acerca da interação entre crianças e ambientes naturais para, enfim, expor algumas reflexões elaboradas a partir de observações realizadas em diferentes contextos escolares urbanos e rurais. Uma primeira evidência que emerge de nossa análise é a de que, como humanos, somos seres naturais. Nossos direitos humanos estão intimamente vinculados ao nosso pertencimento à natureza, nossa condição biofílica deve ser respeitada para que, como os demais seres da Terra, possamos nos desenvolver de modo pleno. Porém, estamos diante de um cenário de progressiva destruição dos ambientes naturais e urbanização dos espaços de vida, na iminência de mudanças climáticas sem precedentes. Afastando-nos cada vez mais da tão almejada sustentabilidade, a sociedade capitalista em expansão — pautada pela apropriação privada da natureza, produção de mercadorias e consumo e descarte sem precedentes — gera, simultaneamente, desigualdade social, desequilíbrio ambiental e sofrimento psíquico. No contexto urbano — apropriado a um modelo de desenvolvimento que privilegia as trocas mercantis —, o modo de as pessoas interagirem com os ambientes naturais foi radicalmente alterado, provocando impactos diretos no meio ambiente, mas também na forma como os seres humanos se relacionam entre si e regulam suas relações de poder, cooperação e dominação. Os direitos humanos, bem como os direitos das crianças, são garantias universais de como o equilíbrio e a equidade devem regular as relações humanas. Contudo, precisamos considerar que os direitos dos humanos e dos demais seres vivos e processos naturais do nosso planeta não podem ser ponderados separadamente.

Uma segunda reflexão envolve o descompasso entre o que sabemos ser o mais adequado para o pleno desenvolvimento biopsicossocial das crianças e para a proteção dos ambientes

*Direito ao ambiente como direito à vida*

naturais e o que de fato observamos nas instituições de educação, sobretudos nas urbanas. Temos já bastante conhecimento produzido, seja no plano do desenvolvimento humano, seja na área da ciência ecológica, que evidencia a inadequação dos modelos pedagógicos, das instalações e espaços das escolas, dos conteúdos tradicionalmente abordados. As crianças não podem ficar o dia inteiro emparedadas, a natureza não pode ser apenas um lugar para visitas esporádicas, o aprender não pode ser um processo puramente racional. Porém, o que ainda constatamos são escolas distantes destas preocupações, interessadas em cumprir uma rotina planejada em função de seu próprio sucesso, alheia ao desejo, à atração das crianças pelos espaços ao ar livre, aos elementos do mundo natural.

Buscamos trazer observações realizadas em contextos escolares no esforço de compreender como a natureza está presente ou ausente do cotidiano das crianças. Nas escolas urbanas, nos deparamos com a situação anteriormente descrita, de um espaço encerrado em si mesmo e isolado dos seres e ambientes naturais. Nelas os problemas ambientais mais enfatizados são aqueles presentes na grande mídia, como o descarte correto do lixo e a reciclagem, sem que haja uma problematização do próprio ambiente escolar e de seu afastamento não apenas dos seres e espaços naturais, mas também de formas de conhecimento não acadêmicos como a arte, o mito ou as tradições. Nas escolas situadas no entorno de reservas naturais e de áreas de proteção ambiental, nos deparamos com interações recorrentes entre pessoas e ambientes naturais, mas também com comunidades vítimas de desigualdades sociais, submetidas a relações de trabalho precárias e ao péssimo serviço de educação e saúde ofertado. Nas escolas indígenas observadas também pudemos constatar a continuidade do vínculo entre pessoas e ambientes naturais, apoiados em uma cultura mais biocêntrica do que antropocêntrica. Contudo, nos deparamos com uma comunidade em situação de luta pelos seus direitos que envolvem a posse e o uso dos ambientes naturais em que vivem. As escolas indígenas visitadas também têm sua qualidade comprometida pela conjuntura política local e seus desdobramentos. O que podemos concluir destas observações é que uma Educação Ambiental plena, seja em contexto urbano, rural ou indígena, deva ter como ponto de partida os seus próprios problemas e conflitos ambientais imediatos, sob a ótica de uma sustentabilidade complexa condicionada por circunstâncias mais amplas e globais.

Como uma via para a aproximação entre o que consideramos adequado e desejável e o que de fato acontece nas escolas brasileiras, se apresentam as diretrizes e orientações oficiais, tanto as que se referem aos direitos humanos como aquelas que dizem respeito à Educação Ambiental. Como vimos, tanto as DNEDH como as DCNEA se alinham com uma visão do ambiente e da sustentabilidade que integra seus aspectos naturais, econômicos e sociais. São também referências politicamente conscientes dos conflitos ambientais e da necessidade de sua resolução para a promoção da sustentabilidade. Diante disto, o que fica evidente é que não nos falta conhecimento acadêmico sobre os problemas gerados pelo afastamento das pessoas dos ambientes naturais. Também não nos faltam princípios, leis, documentos ou diretrizes educacionais que orientem as práticas escolares na direção de uma Educação Ambiental plena. Mas então o que está faltando para que nossas escolas, seus prédios, suas práticas sejam diferentes? Como criar os espaços educadores sustentáveis? Como subverter seus métodos e práticas tradicionais?

Esse é um processo em curso, em nosso artigo buscamos destacar os diferentes aspectos envolvidos na construção destas mudanças. Parece-nos que o primeiro passo consiste em reavaliar criticamente o papel político da escola diante da sociedade em que se insere, de como ela age ou não em relação às questões ambientais, seja em uma escala local ou global, de que forma seus espaços e práticas podem promover a produção de um conhecimento complexo e livre, capaz de captar e potencializar o desejo de crianças e educadores. Para mudar, a escola precisa rever sua

*Direito ao ambiente como direito à vida* 73

função de formadora de trabalhadores(as) para o mercado de trabalho, definida a partir do século XVIII, no contexto das revoluções burguesas, quando o objetivo era a produção de sociedades industriais. Hoje, quando o desafio é a produção de sociedades sustentáveis, precisamos educar pessoas que tenham condições para tecer os fios que nos conduzam à qualificação da vida no plano de três ecologias: das relações de cada ser consigo mesmo, das relações dos seres humanos entre si e com a natureza. Nessa perspectiva, a escola não pode agir como limitadora da condição biofílica, ela deve assegurar os direitos de convívio com elementos do mundo natural como condição para o pleno desenvolvimento dos seres humanos em sua infância. Nesta perspectiva, para mudar, a escola precisa fundamentalmente religar seres humanos e natureza, sair, desemparedar, proporcionar vivências nos ambientes naturais, aprender com seus seres e processos. É preciso tornar mais verdes todos os ambientes, quebrar esta identificação do lugar de aprender com a sala de aula, deslizar do conhecimento exclusivamente racional para a sensibilização, para conhecer com todo o corpo, para o deixar-se afetar na relação de convívio com as demais espécies e seres abióticos. Assim, os(as) educadores(as), as escolas, seus espaços e suas práticas darão passos no sentido de assumir compromissos com a reversão da dinâmica de afastamento entre pessoas e os ambientes naturais, contribuindo para um melhor equilíbrio entre os direitos humanos e os dos demais seres com quem compartilhamos a vida na Terra.

## REFERÊNCIAS

BRASIL. *Constituição Federal*, 1988. Disponível em: <http://www.planalto.gov.br/ccivil_03/constituicao/constituicao.htm>. Acesso em: 20 maio 2014.

_____. MEC. Resolução n. 1, de 30 de maio de 2012. Diretrizes Nacionais para a Educação em Direitos Humanos. Brasília, 2012a.

BRASIL. Resolução n. 2, de 15 de junho de 2012. Diretrizes Curriculares Nacionais para a Educação Ambiental. Brasília, 2012b.

_____. Diretrizes Curriculares Nacionais para a Educação Escolar Indígena na Educação Básica. Brasília, 2012c.

_____. Diretrizes Curriculares Nacionais para a Educação Infantil. Brasília, 2010.

BRUNDTLAND, G. H. (Org.) *Nosso futuro comum*. Rio de Janeiro: FGV, 1987.

CHAWLA, L. Learning to love the natural world enough to protect it. *Barn*, v. 2, p. 57-78, 2006.

DIEGUES, A. C. S. *O mito moderno da natureza intocada*. São Paulo: Hucitec, 2001.

ELALI, G. A. O ambiente da escola — o ambiente na escola: uma discussão sobre a relação escola-natureza em educação infantil. *Estudos de Psicologia*, n. 8, v. 2, p. 309-19, 2003.

FRANÇA. *Declaração dos direitos do homem e do cidadão de 1789*. Disponível em: ‹http://pfdc.pgr.mpf.mp.br/atuacao-e-conteudos-de-apoio/legislacao/direitos-humanos/declar_dir_homem_cidadao.pdf›. Acesso em: 20 maio 2014.

GRINDE, B.; PATIL, G. G. Biophilia: does visual contact with nature impact on health and well-being? *International Journal of Environment Research and Public Health*, v. 6, p. 2332-43, 2009.

HAMMARSTRÖN, F. F. B.; CENCI, D. R. Direitos humanos e meio ambiente: a educação ambiental como forma de fortalecer a inter-relação. *Revista Eletrônica em Gestão, Educação e Tecnologia Ambiental*, v. 5, n. 5, p. 825-34, 2012.

IBGE. Censo Demográfico de 2010. Disponível em: ‹http://www.censo2010.ibge.gov.br/sinopse/index.php?dados=11&uf=00›. Acesso em: 20 maio 2014.

KELLERT, S. R. The biological bases for human values of nature. In: KELLERT, S. R.; WILSON, E. O. *The biophilia hypothesis*. Washignton: Island Press, 1993. p. 42-69.

LOUV, R. *Last child in the woods*. Chapel Hill, NC: Algonquin Books of Chapel Hill, 2006.

*Direito ao ambiente como direito à vida*

MARCONATTO, D. A. B. et al. Saindo da trincheira do desenvolvimento sustentável: uma nova perspectiva para a análise e a decisão em sustentabilidade. *Revista de Administração Mackenzie*, v. 14, n. 1, 2013.

MORIN, Edgard. *Introdução ao pensamento complexo*. Lisboa: Instituto Piaget, 1990.

NASCIMENTO, E. P. Trajetória da sustentabilidade: do ambiental ao social, do social ao econômico. *Estudos Avançados*, v. 74, n. 26, 2012.

ORGANIZAÇÃO DAS NAÇÕES UNIDAS (ONU). *Declaração Universal dos Direitos Humanos*, de 10 de dezembro de 1948. Disponível em: ‹http://unesdoc.unesco.org/images/0013/001394/139423por.pdf›. Acesso em: 20 maio 2014.

_____. *Declaração dos Direitos da Criança*, 1959. Disponível em: ‹http://www.culturabrasil.org/zip/direitosdacrianca.pdf›. Acesso em: 20 maio 2014.

_____. *Declaração de Estocolmo*, 1972. Disponível em: ‹http://www.onu.org.br/rio20/img/2012/01/estocolmo1972.pdf›. Acesso em: 20 maio 2014.

_____. *Declaração do Rio de Janeiro sobre o meio ambiente e desenvolvimento*,1992. Disponível em: ‹http://www.onu.org.br/rio20/img/2012/01/rio92.pdf›. Acesso em: 22 maio 2014.

_____. *Declaração final da Cúpula dos Povos na Rio + 20 por Justiça Social e Ambiental em Defesa dos Bens Comuns, Contra a Mercantilização da Vida*, 2012. Disponível em: ‹http://www.culturabrasil.org/zip/direitosdacrianca.pdf›. Acesso em: 20 maio 2014.

PROFICE, C. C. Interação entre criança e contexto ecológico: ecologia do desenvolvimento humano em aplicação. In: CONGRESSO INTERAMERICANO DE PSICOLOGIA, 31., Cidade do México, 2007.

_____ et al. Paisagens desenhadas: janelas para a percepção infantil de ambientes naturais. *Psicologia em Estudo* (impresso), v. 18, p. 529-39, 2013.

PYLE, R. M. Naturematrix: reconnecting people and nature. *Oryx*, v. 2, n. 37, p. 206-14, 2003.

REIGOTA, Marcos. *O que é educação ambiental*. São Paulo: Brasiliense, 2004.

RISSOTTO, A.; TONUCCI, F. Freedom of movement and environmental knowledge in elementary school children. *Journal of Environment Psychology*, n. 22, p. 65-77, 2002.

SALZANO, F. M. O velho e o novo: antropologia física e história indígena. In: CUNHA, M. C. (Org.). *História dos índios no Brasil*. São Paulo: Companhia das Letras/Secretaria Municipal de Cultura/Fapesp, 1992. p. 27-36.

SCHMIDT, R. V. Os direitos humanos e o direito internacional do meio ambiente. *Unoesc & Ciência*, v. 1, n. 1, p. 71-8, 2010.

SCHULTZ, P. W. et al. Implicit connections with nature. *Journal of Environmental Psychology*, n. 24, p. 31-42, 2004.

SILVA JR., R. D.; FERREIRA, L. C. Sustentabilidade na era das conferências sobre meio ambiente e desenvolvimento. *Ambiente e Sociedade*, v. XVI, n. 1, p. 1-18, 2013.

STRIFE, S.; DOWNEY, L. Childhood development and access to nature: a new direction for environmental inequality research. *Organization & Environment*, n. 22, v. 1, p. 99-122, 2009.

TIRIBA, L. *Crianças, natureza e educação infantil*. Tese (Doutorado em Educação) — Programa de Pós-Graduação em Educação, Pontifícia Universidade Católica, Rio de Janeiro, 2005.

_____. *Crianças da natureza*. Brasília, MEC/SEB/Seminário Nacional Currículo em Movimento, 2010. Disponível em: ‹http://portal.mec.gov.br/index. php?option=com_content&view=article&id=16110:i-seminario-nacional-do- -curriculo-em-movimento-&catid=195:seb-educacao-basica›. Acesso em: 29 ago. 2014.

_____; PROFICE, C. C. Lições da Creche-Oca: interações afetivas e apego à natureza. In: REIS, Magali; XAVIER, Maria do Carmo; SANTOS, Lorene (Org.). *Crianças e infâncias*: educação, conhecimento, cultura e sociedade. São Paulo: Annablume, 2012. p. 122-35.

WALLER, T. "Don't come too close to my octopus tree": recording and evaluating young children's perspectives on outdoor learning. *Children, Youth and Environments*, v. 16, n. 2, p. 75-104, 2006.

WELLS, N. At home with nature: effects of "greenness" on children's cognitive functioning. *Environment & Behavior*, v. 6, n. 32, p. 775-95, 2000.

WHITE, R. *Interaction with nature during the middle years*: its importance in children's development and nature's future, 2004. Disponível em: <http://www.whitehutchinson.com/children/articles/downloads/nature.pdf>. Acesso em: 11 maio 2009.

WILSON, R. Nature and young children: a natural connection. *Young Children*, v. 50, n. 6, p. 4-11, 1995.

ZARADIC, P. A.; PERGAMS, O. R. W. Videophilia: implications for childhood development and conservation. *The Journal of Developmental Processes*, v. 2, n. 1, p. 130-47, 2007.

# EDUCAÇÃO EM DIREITOS HUMANOS E EDUCAÇÃO AMBIENTAL:
ética e história

**Mauro Guimarães**
**Carlos Prado**

> A problemática ambiental, mais que uma crise, é um questionamento do pensamento e do entendimento, da ontologia e da epistemologia [...] aprender a complexidade ambiental implica um processo de "desconstrução" do pensado para pensar o ainda não pensado, para desentranhar o mais entranhável de nossos saberes e para dar curso ao inédito, arriscando-nos a desbaratar nossas últimas certezas e a questionar o edifício da ciência.
>
> (LEFF, 2003, p. 19 e 23)

## INTRODUÇÃO

Neste artigo teórico partimos do reconhecimento dos Direitos Humanos como uma conquista de princípios orientadores das relações humanas na modernidade e que tem demarcado o necessário exercício da cidadania para garantia desses direitos. Porém, considerando a necessária interlocução da

Educação em Direitos Humanos (EDH) com a Educação Ambiental (EA), temos o objetivo de chamar a atenção para a possibilidade contemporânea de superação (ir além) da perspectiva de uma educação centrada nos direitos do humano, para uma educação em que o humano seja concebido a partir de relações dialógicas que o transcendem.

A ampliação da concepção educativa que transcenda a centralidade no humano se contextualiza na situação atual, em que a organização social hegemônica das relações humanas em seu modo de produção e consumo tem deixado explícito o grau de desequilíbrio das ações antrópicas entre si e sobre a natureza. Tudo isso causa todas as graves degradações socioambientais divulgadas pela Ciência, entre as mais citadas, as mudanças climáticas globais, que ameaçam não apenas a vida humana, mas também a vida como um todo em nosso planeta.

É nesse contexto de crise socioambiental, e da recíproca crise de paradigmas de um modelo societário que se disseminou em escala planetária, que propomos refletir sobre as relações historicamente construídas entre humanos, e destes em seus modos de organização social na relação com a natureza, assim como o caráter ético que está por trás dessas relações. Isso para pensarmos sobre alguns indicativos de nossa posição como humanidade diante do mundo e sobre como a educação poderia contribuir na construção de um padrão civilizatório de sustentabilidade socioambiental. Essa construção justifica-se por acreditarmos que a qualidade de nossas vidas está diretamente interligada à qualidade ambiental e que se realiza na práxis (reflexão-ação) de uma postura integrativa de pertencimento à Mãe Natureza; ou Madre Tierra para nossos irmãos da América Latina; ou ainda Pachamama, para os povos Andinos em seu conhecimento ancestral.

Leff (2003, p. 23) bem anuncia o "processo de *desconstrução* do pensado para pensar o ainda não pensado, para desentranhar o mais entranhável de nossos saberes e para dar curso ao inédito".

Entendemos que isto passa pelo estranhamento, questionamento e reflexão criativa de algo que nos parece tão sólido, como as certezas do mundo moderno e seu "caminho único" prescritivo do que é a realidade. Entretanto, neste artigo pretendemos sugerir a ampliação da proposição de Leff: a "desconstrução" para pensar o ainda não pensado passa também pelo resgate do já pensado e vivido por outros povos. Nas relações interculturais podemos ter um rico caminho para "dar curso ao inédito", dito por Leff. Entendemos, porém, que o inédito não significa apenas algo nunca antes vivenciado, como uma nova forma original de ser e estar no mundo. Para nós, o inédito significa também a inserção da diferença de outras relações vivenciadas por outras civilizações, em que os "direitos" das partes e entre elas (seres humanos e demais elementos da natureza) se davam de forma ampliada e conectada.

É com essa perspectiva que pretendemos trazer reflexões que possam embasar a formação de professores(as), que vêm, cada vez mais, sendo chamados a lidar com a transversalidade das temáticas da Educação em Direitos Humanos e Educação Ambiental em seus cotidianos pedagógicos; tal como preconiza o Plano Nacional de Educação em Direitos Humanos (2007), assim como o Programa Nacional de Educação Ambiental (2005). Esse intento justifica-se e destaca sua relevância por encontrarmos, ainda de forma incipiente, a inserção dessas temáticas nas formações iniciais dos(as) professores(as).

Assim, dividimos o texto em duas partes: na primeira, "Do contrato social ao natural: Educação Ambiental para além dos direitos humanos", procuramos pela historicidade da discussão das relações sociais e destas com a natureza, para alcançarmos um debate sobre a questão ética dessas relações na sociedade moderna. Na segunda parte, "Contribuições de outras epistemologias para repensarmos nossa posição no mundo", trazemos a cosmovisão dos saberes ancestrais dos povos andinos a partir da fala de Carlos Prado, indígena da etnia quéchua, que relata alguns

*Direito ao ambiente como direito à vida*                                    81

princípios que orientam as percepções e ações milenares dessa cultura, e nos apresenta outra forma de estar no mundo. Perspectiva que transcende a centralidade humana existencial hierarquizada da sociedade moderna, ao ancorar sua cosmovisão em um entendimento relacional mais integrado e equilibrado dos seres humanos com o todo, e que muito pode contribuir com as novas relações de sustentabilidade almejadas na conjuntura de crise atual.

Nossa intenção é apresentar uma crítica à visão da sociedade moderna ocidental, marcada por uma concepção disjuntiva (que separa, fragmenta) de mundo, que desloca para si a centralidade na relação com a natureza, subjugando-a e degradando-a. Como contraponto a esta cultura da modernidade, trazemos outra, a andina, caracterizada por relações conectivas e integradas entre seres humanos, sociedade e natureza. Queremos, com isso, oferecer elementos para uma interlocução da Educação para os Direitos Humanos com a Educação Ambiental. Contribuir para que, pela percepção de outras formas de compreender a realidade e intervir no mundo, professores(as) da Educação Básica possam recriar suas práticas pedagógicas, desconstruir um caminho único, inquestionável, prescritivo da modernidade e que tem nos levado a tamanha degradação socioambiental. Da mesma maneira, trazendo a visão de mundo da cultura andina, temos a intenção de lhes apresentar novas formas de ser e estar no mundo. Uma nova cultura que nos ajuda a perceber que Educar para os Direitos Humanos é reciprocamente fazer Educação Ambiental; que lutar por qualidade de vida é lutar por qualidade ambiental.

## 1. DO CONTRATO SOCIAL AO NATURAL: EDUCAÇÃO AMBIENTAL PARA ALÉM DOS DIREITOS HUMANOS

Com a instauração da Idade Moderna do mundo eurocêntrico e a expansão geográfica desse mundo na conquista de novas terras, inicia-se o processo de globalização de um modelo societário. Sua visão de mundo e seus referenciais paradigmáticos, na contemporaneidade, se estabelecem hegemonicamente numa escala planetária.

Há uma transição de uma visão teocêntrica (Deus no centro) presente na história da civilização europeia da Idade Média, para uma visão antropocêntrica (ser humano no centro) que se consolida na Idade Moderna.[1] Essa nova visão social de mundo historicamente construída tem um aspecto importante para ser ressaltado aqui para refletirmos a nossa atual postura diante dos outros elementos da natureza; diante do mundo. O deslocamento da centralidade de Deus para o ser humano, em um novo modelo de organização social que se consolidava, construiu referenciais disjuntivos[2] que balizaram a compreensão e a ação sobre esse mundo, em que a particularidade do indivíduo humano veio crescentemente se afirmando sobre todas as demais partes que compuseram a realidade. Referenciais que nos colocam como observadores (sujeitos/pesquisadores) apartados, neutros da influência do mundo (objeto), como prescreve a neutralidade do positivismo. Como também no cientificismo cartesiano, em que na delimitação do objeto de estudo no método científico nos predispõe a focar numa parte da realidade para aprofundar, cada vez mais, o conhecimento sobre partes da realidade (especialização), fragmentando o conhecimento do todo.

As relações presentes nesses referenciais paradigmáticos disjuntivos (MORIN, 1999) se estabelecem de forma reduzida e

---

1. Vários outros trabalhos se debruçaram mais nessa transição, por exemplo: Grün (2000), Capra (1989), entre muitos outros.
2. São referências para a compreensão do mundo que tem como característica perceber a realidade separando as partes que a constituem, fragmentando-a. Ao focar em uma dessas partes, priorizando-a, secundarizam-se as relações de integração entre elas, dando à parte priorizada (indivíduo humano) e ao particular (propriedade privada) um aspecto fundamental de estruturação dessa visão de mundo e, portanto, reciprocamente, de organização desse mundo.

simplificada, pois ao priorizar uma parte em relação ao todo (indivíduo sobre a coletividade, sociedade sobre a natureza) particulariza-se o interesse (o foco) de um para com o outro, priorizando um dos lados dessa relação. Essa prioridade do particular estabelece relações hierarquizadas de poder, em que um é mais (melhor, superior) que outros e que, para se manter, constitui um padrão relacional que é estruturante da modernidade — as relações de dominação e, fruto destas, a exploração: civilizados sobre primitivos; desenvolvidos sobre subdesenvolvidos; elite sobre subalternos; assim como também se reproduz nas relações étnicas; de gênero; na relação de dominação e exploração da sociedade sobre a natureza.

A centralidade dessa visão particularizada na sociedade moderna faz com que percebamos a totalidade apenas como o resultado da soma das partes, o que Guimarães (2006) vem chamando, de forma complementar ao paradigma da disjunção de Morin, como o Paradigma do 1 + 1 = 2. Essa é uma noção de totalidade (resultante da soma das partes) reduzida e de relações simplistas, pois resulta de partes que se identificam no antagonismo da relação, ou como oprimido ou como opressor, isolando-se em sua particularidade. A totalidade aqui é apenas o somatório da justaposição, lado a lado (aditiva), das particularidades, inclusive com a explicitação e a potencialização dos antagonismos entre as partes, pois o padrão relacional na contemporaneidade é o de dominação e exploração de uma parte sobre outra.

Nessa perspectiva paradigmática disjuntiva da sociedade moderna não estão significativamente presentes relações de complementaridade, em que potencialmente as interações sinérgicas[3] entre as partes possibilitam resultados mais amplos de uma totalidade mais complexa. Na *interação* de uma parte *com* outra, numa existência *conjunta* para além da soma das partes,

---

3. Sinergia é quando o efeito do todo supera o efeito da soma das partes.

podemos ter uma totalidade resultante mais ampliada e refletindo relações mais complexas — na soma das partes, 1 + 1 = 2; porém, na interação entre as partes, 1 com 1 > 2 (GUIMARÃES, 2006).

Portanto, busca-se a superação da perspectiva antagônica prevalecente do paradigma disjuntivo por uma melhor aproximação da perspectiva mais complexa de conhecimento da realidade. Para isso, a percepção simultânea de relações antagônicas de concorrência e de complementaridade entre as partes, as partes e o todo, e o todo e as partes (Complexidade em Morin), deve coexistir de forma estruturante em relações horizontalizadas e dialógicas entre as partes e entre estas e o todo na constituição de uma outra realidade. Uma perspectiva integrativa, em que a superação do antagonismo, não a sua negação, se faz pela presença recíproca de outras relações, em que não há prevalência de uma parte sobre a outra. Em que dominação e exploração não sejam a base das relações que estruturam uma organização social e seu modo de produção, como se faz hoje na sociedade capitalista, que em seu processo de globalização/dominação hegemoniza este padrão relacional dicotômico de dominação e exploração. Relações causadoras da grave crise de degradação socioambiental em todo o planeta.

Sob amparo das ideias revolucionárias (perante a Idade Média) da Revolução Francesa (de igualdade, liberdade e fraternidade), a perspectiva que se desenha neste tempo histórico de transição é a de indivíduos se colocando como uma das partes nas relações sociais da modernidade, porém submissos ao padrão relacional, assumindo a posição de opressores ou subalternizados na de oprimidos. Pela crescente competição exacerbada por interesses particulares, com a exaltação do individualismo, se descortina a barbárie. Em reação a isso, pensadores do século XVIII, como Rousseau, prescrevem que só seria possível preservar a liberdade do indivíduo e, simultaneamente, garantir a segurança e o bem-estar da vida em sociedade por meio de um contrato social, como uma forma de regulação das relações sociais,

*Direito ao ambiente como direito à vida*

85

como garantia de qualidade na relação indivíduo-coletividade em uma sociedade ideal.

Do avançar histórico de consolidação dessas ideias, que busca a regulação de uma dinâmica sociometabólica[4] produtora de desigualdade e degradação socioambiental por relações hegemônicas de dominação e exploração, é que se estabelece como conquista na modernidade a Declaração Universal dos Direitos Humanos da Organização das Nações Unidas, em 1948, mesmo diante de questionamentos sobre o universalismo da proposta e as questões pertinentes ao relativismo cultural.

> Todos os seres humanos nascem *livres* e *iguais* em dignidade e em direitos. Dotados de razão e de consciência, devem agir uns para com os outros em espírito de *fraternidade* (ONU, 1948, grifos nossos).

O lema "Liberdade, Igualdade e Fraternidade" presente na Declaração dos Direitos do Homem e do Cidadão, documento da Revolução Francesa de 1789, é base da Declaração Universal dos Direitos Humanos de 1948 e uma importante iniciativa de tentar estabelecer uma regulação ética nas relações sociais de uma sociedade caracteristicamente marcada pela desigualdade das relações. Porém, no atual contexto de crise dos paradigmas (disjuntivos) da sociedade moderna, em que a questão socioambiental é uma clara dimensão dessa crise, os direitos humanos, como uma mediação ética deste período, também se inscrevem na perspectiva particularista e antropocêntrica da modernidade em crise.

Pensadores contemporâneos, buscando superar essa situação, trazem a questão socioambiental para a centralidade das reflexões do mundo atual. Entre estes, Michel Serres, que

---

4. Movimento de funcionamento da organização social do capital em sua dinâmica de autossustentação e sua reprodução. Termo utilizado por Mészáros e outros autores críticos da lógica do capital.

busca, num contraponto com o contrato social, romper com a dicotomia presente na modernidade entre sociedade e natureza, e desenvolver reflexões a partir de uma abordagem relacional de integração. Uma abordagem sob a base de outras relações entre sociedade e natureza, para além do antagonismo hegemônico, capaz de instaurar processos de enfrentamento da crise socioambiental.[5]

> [...] significa que temos que juntar ao contrato exclusivamente social, um contrato natural de simbiose e de reciprocidade, onde a nossa relação com as coisas abandonaria o domínio e a posse pela escuta admirativa, pela reciprocidade, pela contemplação e pelo respeito. Um contrato onde o conhecimento não mais suporia a propriedade, nem a ação a dominação. Um contrato de simbiose implica o reconhecimento pela humanidade dos direitos da Terra e de toda família planetária (SERRES, 1991, p. 65).

Voltado para as relações das partes e do todo numa perspectiva de relações dialógicas, horizontais, em que prevalece a interação pela complementaridade integrativa, Serres (1991, p. 52) denuncia a realidade atual e anuncia outra possibilidade: "A Terra, na verdade, nos fala em termos de forças, de ligações e de interações, o que basta para fazer um contrato. Cada um dos parceiros em simbiose deve, de direito, a vida ao outro, sob pena de morte." Para Serres (1991, p. 51),

> O parasita toma tudo e não dá nada, o hospedeiro dá tudo e não toma nada. O direito de domínio e de propriedade se reduz ao parasitismo. Ao contrário, o direito de simbiose se define por reciprocidade: o que a natureza dá ao homem é que este deve restituir a ela, transformada em sujeito de direito.

---

5. É nesse contexto de uma abordagem relacional que optamos por grafar socioambiental como uma unidade, para não reforçarmos a dicotomia entre sociedade e natureza.

Pensarmos o direito da natureza, para além do direito humano (ampliação, sem negá-lo, já que ser humano é natureza), é superarmos a prioridade dada à parte, considerando também fundamentalmente o todo. A garantia dos direitos humanos se volta para a conquista de uma melhor qualidade de vida (humana), porém não há como melhorar a qualidade de vida se não há qualidade ambiental. Assim, a garantia da qualidade ambiental é valor fundante da sustentabilidade. A conquista do bem-estar pelas garantias dos direitos humanos está intrinsecamente relacionada, e de forma complementar, aos direitos de uma natureza sã. Amplia-se, assim, aos direitos humanos o compromisso ético com a vida em toda a sua plenitude.

É na percepção da degradação socioambiental crescente, com clara repercussão na perda de qualidade de vida, principalmente dos desvalidos socialmente, mas que se faz presente no cotidiano de todos: o lixo urbano; a poluição dos rios transformados em valões; diminuição da qualidade do ar; entre tantos mais. Da mesma forma, os riscos em escala global, como o perigo nuclear, que tanto mobilizou o ambientalismo nas décadas de 1960 e 1970; a atual questão das mudanças climáticas e elevação do nível dos mares; os processos de desertificação; contaminação das águas oceânicas; e perda da biodiversidade, entre muitos outros.

A intensificação vertiginosa desses problemas socioambientais no século XX produziu, como reação na sociedade civil, a eclosão de movimentos contestatórios. O movimento *hippie*, a contracultura, o movimento antiatômico, movimentos conservacionistas de preservação da natureza convergem no ambientalismo, no qual certamente a Educação Ambiental em nível mundial se embrionou. Além de toda a influência vinda desses movimentos dos países centrais, no Brasil, país historicamente com grande desigualdade social, a questão da degradação da natureza atrelada aos problemas sociais fortemente se evidencia e se acentua reciprocamente, como denuncia o movimento de

Justiça Ambiental.[6] Com toda a forte tradição de uma Educação Popular Freireana, há, no embate ideológico da formação do campo da Educação Ambiental brasileira, uma vertente crítica que vem se consolidando.[7]

> Um projeto conservador de Educação (Ambiental), baseado em uma visão liberal de mundo, acredita que a transformação da sociedade é consequência da transformação de cada indivíduo. Desta forma, a Educação, por si só, é capaz de resolver todos os problemas da sociedade, basta ensinar o que é certo para cada um, tornando-se assim uma Educação teórica, transmissora de informações. Nesta concepção, as relações sociais são secundarizadas no trabalho pedagógico, enfocando o indivíduo. [...] Em uma concepção crítica de Educação (Ambiental), acredita-se que a transformação da sociedade é causa e consequência (relação dialética) da transformação de cada indivíduo, havendo reciprocidade dos processos no qual propicia a transformação de ambos. Nesta visão, educando e educador são agentes sociais que atuam no processo de transformações sociais; portanto, o ensino é teoria/prática, é práxis. Ensino que se abre para a comunidade com seus problemas sociais e ambientais, sendo estes conteúdos do trabalho pedagógico. Aqui a compreensão e atuação sobre as relações de poder que permeiam a sociedade são priorizados, significando uma Educação política (GUIMARÃES e FONSECA, 2012, p. 14).

---

6. "A condição de existência social configurada através do tratamento justo e do envolvimento significativo de todas as pessoas, independentemente de sua raça, cor ou renda no que diz respeito à elaboração, desenvolvimento, implementação e aplicação de políticas, leis e regulações ambientais. Por tratamento justo entende-se que nenhum grupo de pessoas, incluindo-se aí grupos étnicos, raciais ou de classe, deva suportar uma parcela desproporcional das consequências ambientais negativas resultantes da operação de empreendimentos industriais, comerciais e municipais, da execução de políticas e programas federais, estaduais, ou municipais, bem como das consequências resultantes da ausência ou omissão destas políticas" (BULLARD, apud ACSELRAD, MELLO e BEZERRA, 2009, p. 16).

7. Para ampliar essa reflexão, ver Guimarães (2000 e 2004); Carvalho (2004); Loureiro (2003); Lima (2012); Layrargues e Lima (2014), entre outros.

*Direito ao ambiente como direito à vida*

Porém, a perspectiva crítica dessa práxis no processo formativo da Educação Ambiental passa pela determinação política de intervir junto aos movimentos que buscam a superação das opressões, injustiças, desigualdades e degradações. Mas para a superação do aspecto conflitivo do embate, que tende a disjunção, realiza-se também uma leitura/intervenção no mundo que passa por uma relação conectiva de amorosidade com o outro (indivíduo e natureza), conforme nos anunciou Paulo Freire em sua obra.

No viés defendido por uma Educação Ambiental crítica, denuncia-se que crescimento econômico, progresso, desenvolvimento são entendidos como sinônimos pela sociedade moderna capitalista. As ideias desenvolvimentistas são questões estruturantes do capitalismo. A desigualdade social, inerente à acumulação crescente do capital no desenvolvimento capitalista, é na atual escala global, incompatível com a concepção de sustentabilidade socioambiental. O sentido dado a desenvolvimento sustentável, ressignificado pela lógica do capital, passa como algo normal à incongruência de manter o sentido de crescimento econômico capitalista como desenvolvimento, junto ao sentido de sustentável, como forma de adequação do discurso para a manutenção da racionalidade capitalista.

A desigualdade social é um retroalimentador da dinâmica do crescimento capitalista, pois introjeta ideologicamente nos que têm menos quererem mais (sociedade de consumo). Estabelece-se assim uma dinâmica sociometabólica de reprodução do capital, de incremento do crescimento ilimitado do binômio produção-consumo em um planeta finito, e que se realiza desconectado dos ciclos da natureza e suas capacidades de suportar tamanho impacto. Natureza essa que se insere nesta dinâmica apenas como base material a ser dominada e explorada para alimentar o crescimento da produção, confirmando o padrão relacional constituinte e constituidor da sociedade moderna em seu processo hegemônico capitalista.

Há uma centralidade dos *valores* desigualdade e crescimento na sociedade capitalista para manter a reprodução de sua dinâmica sociometabólica. A desigualdade alimenta o crescimento, instando que mais de uns faça os que têm menos querer mais, potencializando o desejo consumista. É também na percepção de desigualdade das relações (entre sociedade-natureza; entre classes sociais), em que uns são mais ("melhores"; "superiores") que outros, que se introjeta historicamente uma justificativa ética/ideológica (fazer pelo outro, porque sou melhor) de dominação na relação de um para o outro. Romper com esse sentimento de "ser menos" dos oprimidos (FREIRE, 1992) e promover, pela educação crítica, a realização (*práxis*) de "ser mais", é um processo emancipador e transformador das relações sociais e das subjetividades presentes na dinâmica sociometabólica em direção à outra sociedade.

No entanto, as transformações dessas relações sociais e subjetividades realizam-se reciprocamente pela luta política de alteração das condições materiais da sociedade capitalista em suas múltiplas determinações. Transformando relações, entre estas, as de produção e de consumo, propicia-se uma nova organização social. Se formos todos(as), como valor, igualmente mais (nem melhor, nem superior e sem eliminar o diverso), estabelecendo uma relação de igualdade, desconstrói-se a desigualdade como valor estruturante da dinâmica sociometabólica capitalista. Sermos todos(as) mais retira o foco do indivíduo como aquele que pode além na relação com o outro, o que incrementa a competitividade capitalista e promove a lei do mais forte, do mais capaz; aspectos que realimentam relações de dominação e exploração. Assim, voltar-se para a igualdade de todos(as) em relações horizontalizadas e dialógicas,[8] em que incluir o diverso, em vez de excluí-lo, é fator de enriquecimento e crescimento das

---

8. Relações dialógicas são aquelas em que as partes dialogam em um mesmo nível de fala e escuta, sem a predominância de um sobre o outro.

*Direito ao ambiente como direito à vida* 91

subjetividades, em uma perspectiva que vai além da dimensão material no processo de humanização do "ser mais" de Paulo Freire, em sua extensa obra.

A forma de percepção de realidade instituída pela sociedade moderna vincula-se ao que Edgar Morin denomina em sua obra de "Paradigma da Disjunção".[9] Essa visão de mundo se constitui por processos dissociativos de produção de conhecimento que tem como uma de suas consequências, conforme descrevemos anteriormente, a fragmentação reducionista da compreensão da realidade. Tal contexto se forma reciprocamente ao processo histórico de constituição da sociedade moderna urbana industrial, que globaliza uma organização social, seu modo de produção e consumo. Este modelo de desenvolvimento, por meio da priorização economicista da lógica do capital, vem consolidando uma relação da sociedade com a natureza de forma utilitarista, degradante e excludente. Tal modelo, incapaz de reconhecer a alteridade da/na natureza como ente viva em seus processos, tem também se demonstrado blindado, por se postar superior a outras formas de leitura e compreensão do mundo. Formas que resistem hoje em culturas milenares e ancestrais que ainda sobrevivem em territórios em disputa, numa existência tensa e conflitiva com os padrões hegemônicos.

A disjunção referenciada de modo extremado na realidade atual reflete na perda das solidariedades familiares e coletivas, num movimento dissolutivo do sentido comunitário, na exacerbação individualista da solidão depressiva em meio à multidão e, em última instância, na violência social que marca a vida na modernidade. Esse padrão tem colocado um lado dessa dualidade em situação de dominador(a) e, do outro, o de explorado(a), que de forma subjugada por relações de poder instituídas historicamente gera um sentido existencial de exclusão, de subalternidade

---

9. Paradigma, para Morin (1999), pode ser entendido como estrutura de pensamento que de forma inconsciente comanda o nosso discurso.

unidirecional (de um para o outro) e não dialógico. Padrão esse extremamente presente na visão de mundo dominante da nossa sociedade. Esse sentido é afirmado por uma epistemologia na modernidade, em que o racionalismo cartesiano alimentado pela concepção do liberalismo econômico (em todas suas repaginações) afirma o individual sobre o coletivo; a razão sobre a emoção; a parte sobre o todo; o masculino sobre o feminino; o global sobre o local; o humano sobre todos os seres e elementos da natureza; o "civilizado" sobre o "primitivo"; o moderno sobre o ancestral; entre tantas outras dualidades percebidas dicotomizadas, de modo reducionista, pois desconectadas de sua complexidade.

Na relação dual sociedade-natureza, há todo um histórico de intensificação na modernidade da dicotomização dessa relação e agudização da postura antropocêntrica e egocentrada, que nos coloca, seres humanos em uma postura alienada de estranhamento do que é ser natural.

Essa disjunção, embora instrumental para questões da racionalidade do modo de produção capitalista e seu desenvolvimento produzido até aqui, por justificar a exploração da natureza, potencializou todo um sentido construído do ser moderno de afastamento da natureza e sua dessacralização. Isso leva a não perceber mais essa relação como uma interação vital, não somente para a sua sobrevivência física, mas também em seu sentido de transcendência e realização de sua humanidade. Tais relações hegemônicas vêm gerando historicamente a degradação de ambos: sociedade e natureza.

Não há mais no mundo moderno um sentimento de pertencimento aos ciclos naturais e um reverenciá-los em nosso modo de vida, bem como outras leituras possíveis do natural e de seus modos de manifestação, tornando-nos incapazes de compreender os sinais da natureza, por nos julgarmos "muito acima" dela, o que paradoxalmente nos vulnerabiliza. Assim, tanto nos indivíduos modernos quanto nas práticas sociais da sociedade

*Direito ao ambiente como direito à vida* 93

capitalista, se perdeu um fazer integrado a estes movimentos da natureza e um saber que contemple essa experienciação de estar no mundo em busca da completude do ser, em uma religação com algo maior que nos transcenda.[10]

Há certamente resistências de culturas ancestrais e emergências de outros fazeres, em que relações milenares diferenciadas entre seres humanos-sociedade-natureza estabelecem um estar no mundo de forma mais sagrada, integrada e equilibrada. Porém, por não serem hegemônicas e perfiladas ao caminho único da modernidade, encontram-se "invisibilizadas" (SANTOS, 2000).

O processo educativo é potencialmente um poderoso fenômeno social capaz de contribuir com a transição paradigmática necessária para se construir historicamente um "contrato natural" de novas formas sustentáveis de relações dialógicas entre seres humanos, sociedade e natureza. Potencializa-se esse processo educativo desvelando resistências a esse modo hegemônico de organização social e dando visibilidade e exercício a novos fazeres. Resgatar esse sentido de integralidade da humanidade com o natural parece colocar-se como uma das prioridades pedagógicas a se propor em processos formativos de professores(as). Iniciativas essas que corroboram com a construção de uma epistemologia ambiental (LEFF, 2001) e que passam ontologicamente por uma nova experienciação existencial que poderia se potencializar pedagogicamente, se estimularmos em ambientes educativos novas conexões entre visões de mundo construtoras de epistemologias outras, a partir de uma ecologia de saberes (SANTOS, 2007), como, por exemplo, das culturas indígenas.

A crescente gravidade da situação socioambiental, vivida na atualidade em escala planetária, reforça-se por este sentimento de distanciamento exploratório da natureza (dos outros), cotidianamente reafirmado nos indivíduos e práticas sociais, que em nada contribui para o enfrentamento desta crise socioambiental.

---

10. Religião vem do latim *religare*, que significa religação.

Acreditamos que tais fatos e elementos aqui descritos sinalizem, sim, para uma crise de paradigmas da sociedade moderna. A Educação Ambiental (EA), a escola e seus(suas) professores(as) que vêm sendo chamados pela sociedade a contribuir na superação dessa grave realidade, devem contemplar, em suas propostas educativas, o resgate do natural numa vivência em outros referenciais paradigmáticos, como uma forma pedagógica de enfrentamento desta situação.

Entendemos, pedagogicamente, que o resgate do natural no processo formativo de Educação Ambiental poderá se dar pela realização de ambientes educativos de experiências vivenciais.[11] Vivências que certamente poderão se enriquecer a partir de outras epistemologias e cosmovisões em que o sentido de integração ser humano, coletividade e natureza seja central; por exemplo, a das tradições dos povos indígenas andinos (entre estes os quéchua). Ambientes educativos esses que possam propiciar experiências vividas de ruptura com o pensamento disjuntivo, que é estruturante da subjetividade dos indivíduos modernos; assim como vivenciar práticas individuais e coletivas baseadas em outros padrões relacionais, que essas culturas outras possam nos emprestar. Nesse ambiente busca-se romper, num processo vivencial, com as estruturas dominantes de pensamento da sociedade moderna, experienciando a diversidade de modos de ler,

---

11. Experiências pedagógicas que vão além de um processo hegemônico de ensino-aprendizagem conteudista e cognitivista, mas que envolve também todo um processo sensibilizador de um ambiente educativo, em que indivíduos em relação, numa práxis de conscientização individual e coletiva, possam elaborar e realizar novas relações com o outro (ser humano-natureza). Uma interação, como intervenção pedagógica, com o mundo material e subjetivo, possibilitando a emergência de novas relações sociais de produção e consumo, na germinação de outro modo de organização social. Vivências em um ambiente educativo que favoreçam, pela reflexão crítica e práticas inovadoras (práxis), a expressão de sujeitos individuais e coletivos de um novo modo de ser e estar no mundo, que se exteriorize pela ação (individual e coletiva) de novas interioridades; consciências em ação — conscientização. Parece-nos ser esse um papel fundamental do educador: promover esse ambiente educativo.

*Direito ao ambiente como direito à vida*

compreender e estar no mundo. É oportunizar a problematização das formas hegemônicas de relações estabelecidas e experimentar outras relações de afirmação da alteridade e respeito à diversidade. Isto poderá propiciar a formação do que Lévinas (2005) denomina "sujeito ético", em que o reconhecimento de que o outro me antecede torna a preexistência deste vital para a minha existência. Essa perspectiva nos predispõe a uma postura ética de respeito e reverência ao outro (ser humano ou natureza), que favorece as relações dialógicas, de reciprocidade e construtoras de um "contrato natural". Acreditamos que poderá ser esse um ambiente educativo que possibilite um sentido de realização do processo de humanização em outros patamares.

Estamos certos de que processos educativos, como, por exemplo, de estímulo a interculturalidade,[12] poderão propiciar uma ruptura com a "Armadilha Paradigmática",[13] denunciada

---

12. "Usado para indicar um conjunto de propostas de convivência democrática entre diferentes culturas, buscando a integração entre elas sem anular sua diversidade, ao contrário, 'fomentando o potencial criativo e vital resultante das relações entre diferentes agentes e seus respectivos contextos' (FLEURI, 2005)" (VASCONCELOS, 2013). (Trecho de citação — Fleuri — inserido na transcrição referenciada de Vasconcelos.)

13. "É a limitação na compreensão do mundo complexo por apoiar-se no paradigma da disjunção, da simplificação. Isso provoca uma incapacidade discursiva para lidar com a complexidade das questões socioambientais. De forma recíproca, a incapacidade de dizer a complexidade do mundo mantém uma compreensão limitada sobre ele. Limitados por uma compreensão de mundo que espelha a racionalidade hegemônica, isso tende a gerar práticas incapazes de fazer diferente do 'caminho único' prescrito por essa racionalidade, mantendo a hegemonia. As práticas resultantes desta armadilha paradigmática, por não ser conscientes, tendem a não saber fazer diferente e reproduzir o fazer pedagógico da Educação tradicional, sufocando a perspectiva crítica e criativa do processo educativo. Desta forma, reproduz-se dominantemente uma Educação Ambiental de caráter conservador. A armadilha paradigmática tende a produzir práticas pouco críticas, por não estar contido nessas práticas um questionamento sobre elas e a problematização da realidade vivida, o que as torna um fazer inconsciente. Isso dicotomiza reflexão e ação, o que reforça as visões fragmentadas, dualistas e dicotômicas de mundo presente no paradigma da disjunção da sociedade moderna, naturalizando assim a separação entre refletir e agir" (GUIMARÃES, 2013, p. 185).

como uma fragilidade atual das práticas dos educadores que desenvolvem Educação Ambiental, por possibilitar uma vivência reflexiva sobre outras perspectivas paradigmáticas. A abertura para outras perspectivas (cosmovisões), para além do caminho único prescrito pela modernidade, certamente nos ampliará as possibilidades de enfrentamento dessa grave crise vivida globalmente.

Com isso pretendemos que professores(as) sejam sensibilizados(as) para a importância de nos abrirmos para outras experiências e saberes, trazendo outras epistemologias para as nossas práticas pedagógicas.

## 2. CONTRIBUIÇÕES DE OUTRAS EPISTEMOLOGIAS PARA REPENSARMOS NOSSA POSIÇÃO NO MUNDO

> Nuestros padres nos decían: "Si hacemos daño a la Pachamama enfermándola, entonces nosotros también vamos a enfermar" (Dito popular andino).

Com tanta diversidade cultural, histórias milenares de experiências de modos de vida, construções e sabedorias existenciais, crermos que a nossa história (ocidental moderna) é o centro, a única, ou a melhor, é de uma pretensão reducionista e de uma arrogância capazes de nos cegar para importantes contribuições que vêm de todos os lados. Percebermos e aceitarmos a riqueza de outras formas de estar no mundo é fecundar um futuro grávido de possibilidades. Ensinar e apreender na postura integrativa da interculturalidade é hoje uma postura radical de transformação das relações políticas, econômicas, sociais, educativas, epistêmicas, que rompe com o reducionismo atual, amplia a possibilidade das relações e dos direitos que se estabelecem

*Direito ao ambiente como direito à vida*

97

entre as partes. É contribuir na construção de uma racionalidade ambiental, em que a sustentabilidade socioambiental é um fim almejado.

Ao(a) professor(a) que até aqui considerou relevante as ideias que defendemos, gostaríamos de apresentar, como forma de reconhecermos outros "caminhos" para além dos da sociedade moderna, alguns princípios do conhecimento ancestral de um povo que se sustenta há milhares de anos com essa sua cultura. Povo que sempre compreendeu e viveu o que procuramos aqui afirmar como algo "inovador" para a nossa sociedade: que a qualidade da vida humana está intrinsecamente ligada à qualidade ambiental. Pretendemos, assim, municiar os(as) professores(as) com outros conhecimentos, que junto aos nossos possam trazer, pela riqueza da diversidade de outra cosmovisão, novas possibilidades para os(as) nossos(as) alunos(as) se perceberem, viverem e construírem um outro mundo possível, este sim, sustentável.

Como uma das muitas possibilidades de contraponto aos nossos referenciais disjuntivos da modernidade, trazemos aqui, pelo depoimento do Jampiri[14] Carlos Prado,[15] a cosmovisão holística[16] dos quéchuas — povo andino com uma cultura milenar, uma das principais etnias que constituíram o Império Inca, e que, apesar de todo o destruidor processo de colonização, resiste culturalmente nas terras altas do nosso continente.

---

14. O termo tem dupla raiz etimológica, formado pelo verbo *jampiy*, que em quéchua significa "curar", acrescido de um sufixo aymara, *ri*, a designar "o que realiza uma ação". Portanto, Jampiri é o que cura, o curandeiro.

15. Carlos Prado é reconhecido em seu país, Bolívia, como "médico naturista", detentor de conhecimentos ancestrais das plantas sagradas, utilizando-as na cura física e espiritual, que nessa cultura não se separam. Porém, é também um botânico autodidata, buscando o entrecruzamento dos conhecimentos de sua cultura com os da ciência da sociedade moderna, como um militante da interculturalidade.

16. Compreender os fenômenos na sua totalidade, ao contrário da perspectiva disjuntiva que foca na parte para a compreensão dos fenômenos.

Iremos utilizar termos e conceitos quéchuas e aymaras (outra etnia andina), com sua escrita original em caixa alta e destacados por travessões, circundados de sua tradução. Isto se faz porque esses idiomas guardam e transmitem uma riqueza espiritual profunda em seu conteúdo, assim como explicitam a visão holística com que os quéchuas e aymaras estão acostumados a se expressar para tratar sobre todos os temas da saúde física e espiritual, entendidas como inseparáveis.

O texto aqui passa a se expressar pela sabedoria dos povos andinos, encarnada e traduzida por Carlos Prado, tendo como fonte os conhecimentos milenarmente transmitidos por seus ancestrais.

## 3. CONCEITO PACHAMAMA

PACHAMAMA é um termo quéchua que se refere, em termos gerais, ao planeta Terra e à sociedade humana.

A Terra, Pachamama na cultura andina, tem caráter vital, sagrado, e é identificada como uma divindade feminina, portanto, uma mãe que dá a vida, a energia. Mas isso é possível graças ao relacionamento e à interação com o sol como divindade masculina — TATA INTI. Portanto, Pachamama e Tata Inti representam de modo visível e tangível o princípio da vida e da complementaridade no cosmos.

Para nós, andinos, o conhecimento que temos é revelado da natureza e do cosmos. É assim que temos aprendido toda a sabedoria dos nossos antepassados e continuamos a aprender com ela. Em nosso meio, todavia, existem práticas rituais que nos trazem mais perto da natureza e permanentemente de nossas divindades. Quase todos os eventos transcedentais na vida da sociedade andina se executam por cerimônias rituais, sobretudo nas atividades agrícolas.

Os alimentos, como em muitas culturas, são fonte de vida, de saúde, de sustentabilidade e de vital importância. É o princípio de MIKHUYKUNAWANPUNI KAWSAKUNCHIJ. Por isso, é crucial a observação das mudanças climáticas e das estações do ano para assegurar o alimento, sobretudo em função dos solstícios e dos equinócios.

Atualmente, o ser humano e a sociedade moderna se encontram em crise, está tudo confuso porque foram perdidas a sabedoria e os conhecimentos dos nossos antepassados.

O atual desequilíbrio do meio ambiente relaciona-se diretamente com o desequilíbrio que existe na sociedade. Esse desequilíbrio é a sua deterioração, é o seu mal-estar — MANA ALLINKAY —, que se manifesta em todos os níveis pelo princípio da relação (visto posteriormente na cosmovisão andina). Entretanto, na cultura andina têm se desenvolvido técnicas e conhecimentos, em um processo de práticas milenares e observações precisas, para prevenir de forma geral desequilíbrios e desarmonias.

O conhecimento ancestral sobre as práticas de medicina tradicional, de todas as partes do mundo, está relacionado diretamente aos sistemas filosóficos, religiosos e culturais, portanto, representa a capacidade de resposta natural e lógica de resolver e explicar os problemas relacionados à agricultura, à alimentação, ao campo espiritual, à saúde, à enfermidade de todos os seres vivos, incluindo os seres humanos.

A lógica andina permite colocar a sociedade como parte integrante da Terra e deve sua vida a ela. Portanto, para viver em harmonia, tem que respeitá-la, cuidá-la e protegê-la — SINCHI WAQAYCHASQA PACHAMAMANCHIJPA KAWSAYNINQA KANAN.

O princípio do relacionamento da cosmovisão andina não permite separar os problemas sociais dos problemas do meio ambiente. Em contraposição, o conceito moderno ocidental se baseia no entendimento de que a terra é um recurso visto como riqueza material e, portanto, pertence aos homens, que devem servir-se dela, dominá-la e explorá-la.

Como a sociedade perde a harmonia, o bem-estar? — ALLINKAY, SUMAQ QAMAÑA. Isso ocorre, em geral, por desobedecer às leis da natureza (na visão cósmica), por não ter claros os conceitos e princípios de uma filosofia integral. A saúde de um indivíduo está em relação direta como equilíbrio e bem-estar de seu entorno.

O bem-estar pessoal, familiar, comunitário, sem brigas e sem ressentimentos se consegue através da prática da reciprocidade — AYNI. Do passado até hoje, ainda é prática da cultura a alimentação comunitária — APTHAPI —, o que fortalece os vínculos da família e da sociedade andina.

## 4. A COSMOVISÃO ANDINA

Na cultura andina, "Deus" é parte da realidade; mais que uma entidade separada ou isolada, é parte do todo, em forma de energia — KALLPA.

Para o pensamento andino, "Deus" não tem caráter absoluto nem está fora do mundo, como em outras concepções religiosas. Portanto, todas as entidades divinas estão dentro do mundo visível e invisível, o macrocosmo e o microcosmo (Pachamama, universo em seu conjunto).

O sol divinizado é a entidade que representa a energia de maior força — INTIPA KALLPAN — e desempenha um papel importante na vida de Pachamama.

A vida é possível graças à interação do sol com a terra e com as condições de energia cósmica — PACHA — que se renovam permanentemente no tempo e no espaço, pelo princípio dos opostos complementares (princípio da bipolaridade). Nesse contexto, nada existe como algo incompreensível, portanto, nenhum ente particular existe por si mesmo, de modo autossuficiente.

A religiosidade andina é prática realista e pragmática, desse modo é fonte de vida e de sabedoria, que permite entender a vida e a morte em todos os espaços e tempos em termos de PACHA. Permite, sobretudo, praticar de modo natural o bem viver e a harmonia — ALLINKAY, SUMAJ KAWSAY.

## 5. CARACTERÍSTICAS E PRINCÍPIOS DE COSMOVISÃO ANDINA

*O princípio do relacionamento*

Tudo está relacionado, vinculado ou conectado de uma ou outra maneira — TUKUY IMAPIS T'INKINASQAPUNI KASAN.

Tudo existe se está relacionado. Esse é o princípio mais importante do pensamento andino e sua característica é ser holístico e integral. Todas as coisas se tornam importantes somente por meio de seu relacionamento. Na cultura andina, todas as entidades (divindades) são concretas e não abstratas. Todas essas entidades também estão inter-relacionadas entre si.

A relacionalidade andina não somente é lógica, como também implica uma variedade de formas de pensamentos não lógicos que é própria do pensamento de povos e culturas ancestrais. Apesar de ser um dos mais importantes princípios do mundo andino, não é suficiente se não levados em conta os princípios de reciprocidade, analogia, complementaridade e animismo implícitos nos aspectos afetivos, ecológicos, éticos e espirituais.

Quando dizemos que a Pachamama é influenciada positiva ou negativamente pelo sol, lua, constelações, consideramos essa interação como um relacionamento cósmico, porque mesmo quando se encontram no mundo exterior, desempenham um papel importante no equilíbrio ou desequilíbrio de Pachamama.

## O princípio da bipolaridade

"Nada existe sem o seu complemento, tudo existe na coexistência com o seu complemento específico" — NI IMAPIS SAPAN KANMANCHU, YANANWAN T'INKINASQAPUNI.

O princípio da bipolaridade no pensamento andino se manifesta em todos os níveis e em todos os âmbitos da vida, tanto nas dimensões cósmicas e sociais, como nas éticas e espirituais.

Sol e lua, vida e morte, dia e noite, masculino e feminino, não são opostos que se excluem mutuamente, mas complementos necessários para a integridade de ambos. Dualidades não separadas. Assim, a categoria de frio e quente — CHIRI-Q'UÑI — nas plantas, se faz tão relevante na busca do equilíbrio no processo de cura.

## O princípio da analogia

"Há elementos da natureza e do universo que cumprem funções similares, embora suas estruturas e tamanhos sejam diferentes" — JATUNPIPAS JUCH'UYPIPAS IMAPIPAS RIKCH'AKUYQA TIYALLANTAJPUNI.

Um exemplo de analogia frequente na cultura andina é a que se estabelece na relação entre Pachamama e o corpo humano; entre o micro e o macro em sua inseparabilidade.

Agora sabemos que o macrocosmo tem analogia com microcosmo. O eterno viver e morrer — KAWSAY-WAÑUY — ocorre igualmente tanto no mundo exterior do macrocosmo, como aqui no nosso meio ambiente — KAYPACHA.

Nossos ancestrais têm clara consciência dessa relação, é por isso que há rituais e atividades específicas por meio dos quais se "alimenta" a Pachamama — QARAKU, WAXTA —, da mesma forma que a uma pessoa. Esse alimento é compartilhado com todos, porque "todos têm o direito à alimentação", "toda pessoa tem direito à vida".

## O princípio da reciprocidade — o AYNI

"Dar e receber" — JAP'INKITAJ JAYWANAYKITAJ.

A cada ato corresponde como contribuição complementar um ato recíproco. É o princípio da equidade e da justiça. Ao mesmo tempo, gera harmonia.

Esse princípio não somente se dá entre os seres humanos, mas também na inter-relação humano-natureza e humano-divino.

A ética andina sob este princípio não se limita a retribuir apenas à Pachamama, mas vai mais longe e abrange também a dimensão cósmica — JANAJPACHA.

De acordo com este princípio, o homem andino não reside apenas no ambiente terrestre — KAYPACHA —, mas também em uma ordem universal.

O intercâmbio de benefícios pode ocorrer tanto no plano material (bens), como no plano espiritual (sentimentos, fé, crenças).

Em uma relação humana, a reciprocidade pode ser tanto positiva quanto negativa. A reciprocidade positiva é sempre bem-vinda e proporciona equilíbrio — ALLIN AKAY — no seio das famílias e das comunidades. Já a reciprocidade negativa gera descontentamento, brigas, conflito e mal-estar — MANAALLIN, KAY, AWQANAKUY, CHIJNINAKUY.

Nesse sentido, não se pode retirar algo da natureza que depois não possa ser reposto (se isso acontecer, então é um ataque à Pachamama pelo princípio da reciprocidade), portanto, de acordo com esse princípio, não podemos retirar ou explorar os recursos fósseis, minerais, animais, vegetais, se não temos a capacidade de substituir ou compensar os danos. O rompimento das estruturas fundamentais do corpo de Pachamama pode gerar deslizamentos, terremotos, *tsunamis* etc. Não duvidemos de que os elementos líquidos da terra, como o petróleo, são o sangue de Pachamama (na cultura andina sangue, gordura e água são iguais à vida). Se retiramos mais sangue de um paciente com anemia, então corremos o risco de acabar com sua vida muito em breve. O mesmo se aplica para a exploração de minerais e florestas, com consequências críticas que se produzem para a saúde da terra.

## O princípio do animismo das coisas

"Todas as coisas têm um espírito grande ou pequeno" — TUKUY IMAJPATAPIS KALLPANNUNAN TIYAN PUNI.

Este espírito dá vida, energia — KALLPA — a todas as coisas deste mundo e do universo. A inseparabilidade matéria-espírito.

Energias presentes nas plantas medicinais de grande poder e força e que foram chamadas "plantas sagradas", "plantas maestras", em muitas culturas antigas, são matérias com muita energia — espírito.

Nos seres humanos, esse espírito ou energia é chamado NUNA AJAYU. Essa energia se constitui em todo momento em um ser maligno ou benigno, é como uma força positiva e negativa na vida dos povos andinos.

Os elementos da natureza e do universo que têm mais energia ou força espiritual se divinizam e hierarquizam. Daí vem a maior importância dos rituais para o sol do que para a lua; por isso se diz que a religião andina é prática e pragmática.

O xamanismo em muitas culturas é baseado em conhecimento, uso e manipulação dessas energias, sobretudo das plantas sagradas de maneira sutil, tanto para fazer o bem como o mal. Podem sanar, curar e também causar doenças e produzir a morte.

Ao causarmos enfermidade em Pachamama, adoecemos juntos. A busca do xamã interno em todos(as) nós é a busca do equilíbrio com Pachamama e o bem viver em sociedade.

## 6. CAMINHOS DE CONEXÃO PARA REFLETIR

Temos ao nosso lado povos irmãos que resistem, vivendo há milênios numa postura de cuidado integrada com o mundo. Nós, "modernos", com muito menos história, nos constituímos como uma poderosa sociedade científica tecnológica, que viemos, porém, causando um rastro de degradação jamais vista, provocando a enfermidade de Pachamama — a crise socioambiental.

Como compreensão presente na milenar sabedoria oriental, um período de crise certamente representa perigo (como nós, ocidentais modernos, a percebemos); um risco da perda da estabilidade, da segurança do conhecido, do caminho único predeterminado. Porém, também essa sabedoria nos ensina a pensar o junto, pois para o pensamento oriental crise, além de representar risco, também apresenta oportunidade de o novo surgir. Aspectos que podemos associar na cultura andina aos princípios da reciprocidade, da bipolaridade (complementaridade), entre outros, que permitem percebermos aqueles que relacionam risco e oportunidade na crise em que vivemos.

É nesse contexto que vivemos a contemporaneidade: o que conhecemos nos mostra uma realidade de crescente e intensa degradação socioambiental! Parece que tudo ficou de ponta--cabeça. O risco hoje de querermos manter a estabilidade da modernidade conhecida transformou-se no risco da destruição da vida como um todo. Por isso, a aposta no novo hoje representa uma questão de reconstrução da segurança e estabilidade da vida pela sustentabilidade.

O novo para nós hoje deverá passar também pelo resgate de conhecimentos ancestrais de outras sociedades, que, partindo de outras concepções de mundo, se postaram de forma mais integrada na relação com a natureza. Como educadores(as) temos muito a aprender, para ensinar!

O que nos cabe como educadores(as) é juntarmos as práticas pedagógicas da Educação para Direitos Humanos e da Educação Ambiental, potencializando o movimento de transformação da atual realidade em crise. Assumirmos o compromisso histórico de, como sujeitos éticos, estabelecermos novas relações no mundo — EDH e EA: Ética e História.

Construção de novas relações que nos levam, como parte de um todo, a estarmos integrados às relações dinâmicas de equilíbrio da natureza, como indivíduos e sociedade. É a construção histórico-política de uma nova sociedade, em que a interculturalidade, como exercício de relações de troca de saberes, experiências e fazeres, possa ser uma semente fértil desse outro mundo. Mundo em que os direitos humanos e da natureza sejam interligados por princípios de reciprocidade, de relacionamento e complementaridade, presentes, por exemplo, na cosmovisão andina.

A sociedade boliviana, em que esta cosmovisão está muito presente, nos dá um bom exemplo de avanço possível da interculturalidade, quando recentemente a Constituição da Bolívia (Estado-nação da sociedade moderna) incluiu os princípios do Bien Vivir e direitos de Pachamama.

*Direito ao ambiente como direito à vida*

A educação como fenômeno social reflete o embate de forças que buscam se conservar e as que almejam transformações. Diante do grave quadro da atualidade, como educadores(as) conscientes de nossa função social em busca do bem viver, temos como militância o compromisso com o fortalecimento das forças sociais contra-hegemônicas, que visibilizem outras formas de estar no mundo. Trazermos esse compromisso para as nossas práticas pedagógicas, que juntam EDH e EA, contribui na formação de cidadãos(ãs) planetários. Cidadania que se realiza no exercício da conquista de direitos e deveres ampliados nas relações entre seres humanos, sociedade e natureza.

**O que queremos como educador(a) e jampiri é estimularmos a participação de professores(as) nos movimentos que busquem, na construção de um "contrato natural", a garantia dos direitos humanos e uma melhor qualidade de vida (humana), mas ao mesmo tempo, a garantia da qualidade ambiental (intrínseca ao humano) pela conquista dos direitos da Terra Viva — Madre Tierra — Pachamama. Esse é um outro mundo possível!**

## REFERÊNCIAS

ACSELRAD, Henri; MELLO, Cecília C. do A.; BEZERRA, Gustavo das N. *O que é justiça ambiental*. Rio de Janeiro: Garamond, 2009.

BRASIL. Plano Nacional de Educação em Direitos Humanos/Comitê Nacional de Educação em Direitos Humanos. Brasília: Secretaria Especial dos Direitos Humanos, Ministério da Educação, Ministério da Justiça, Unesco, 2007.

_____. *Programa Nacional de Educação Ambiental — ProNEA*. 3. ed. Brasília: Ministério do Meio Ambiente/Ministério de Educação, 2005.

CAPRA, Fritjof. *O ponto de mutação*. 8. ed. São Paulo: Cultrix, 1989.

CARVALHO, Isabel C. M. *Educação ambiental*: a formação do sujeito ecológico. São Paulo: Cortez, 2004.

FRANÇA. *Declaração dos direitos do homem e do cidadão*. Assembleia Nacional, 1789.

FREIRE, Paulo. *Pedagogia do oprimido*. 20. ed. Rio de Janeiro: Paz e Terra, 1992.

GRÜN, Mauro. *Ética e educação ambiental*: uma conexão necessária. 3. ed. Campinas: Papirus, 2000.

GUIMARÃES, Mauro. Rede de educadores como processo formativo instituinte de educação ambiental crítica. *Ciências Humanas e Sociedade em Revista*. Rio de Janeiro, Edur, v. 35, n. 2, p. 179-90, jul./dez., 2013.

_____ (Org.) *Caminhos da educação ambiental:* da forma à ação. Campinas: Papirus, 2006.

_____. *A formação de educadores ambientais*. Campinas: Papirus, 2004.

_____. *Educação ambiental*: no consenso um embate? Campinas: Papirus, 2000.

_____; FONSECA, L. (Org.). *Educação em ciências & educação ambiental*: caminhos e confluências. Rio de Janeiro: Ed. da UFRRJ, 2012.

LAYRARGUES, P. P.; LIMA, G. F. da C. As macrotendências político-pedagógicas da educação ambiental brasileira. *Ambiente & Sociedade*, São Paulo, v. XVII, n. 1, p. 23-40, jan./mar. 2014.

LEFF, Enrique (Org.). *A complexidade ambiental*. Blumenau: Cortez/Edifurb, 2003.

_____. *Epistemologia ambiental*. São Paulo: Cortez, 2001.

LÉVINAS, E. *Entre nós*. Ensaios sobre a alteridade. 2. ed. Petrópolis, Vozes, 2005.

LIMA, Gustavo F. da C. *Educação ambiental no Brasil*: formação, identidades e desafios. Campinas: Papirus, 2012.

LOUREIRO, C. F. B. *O movimento ambientalista e o pensamento crítico*: uma abordagem política. Rio de Janeiro: Quartet, 2003.

MORIN, Edgar. *Ciência com consciência*. Rio de Janeiro: Bertrand, 1999.

ORGANIZAÇÃO DAS NAÇÕES UNIDAS (ONU). *Declaração Universal dos Direitos Humanos da Organização das Nações Unidas*, 1948.

PRADO, Carlos. *50 plantas medicinales de uso tradicional en Bolivia*. Cochabamba: Editorial Quipus, 2001.

_____. *Plantas tintóreas y medicinales de Bolivia*: desde un enfoque ecologista y cultural. La Paz: Editorial del Ministerio de Salud, 2012.

SANTOS, B de S. Para além do pensamento abissal: das linhas globais a uma ecologia de saberes. *Novos Estudos Cebrap*, São Paulo, n. 79, nov. 2007.

_____. *Para um novo senso comum*: a ciência, o direito e a política na transição paradigmática. São Paulo: Cortez, 2000.

SERRES, Michel. *O contrato natural*. Rio de Janeiro: Nova Fronteira, 1991.

VASCONCELOS, Luciana M. de. Mais definições em trânsito. *Interculturalidade*. Disponível em: ‹http://www.cult.ufba.br/maisdefinicoes/INTERCULTURALIDADE.pdf›. Acesso em: 17 nov. 2013.

# 2ª PARTE

## Relações entre natureza e cultura no
## COTIDIANO ESCOLAR

# O CONVÍVIO COM A NATUREZA É UM DIREITO DAS CRIANÇAS?
## Reflexões sobre educação, escola e divórcio entre seres humanos e natureza

Léa Tiriba

## INTRODUÇÃO

Este artigo está inspirado na ideia de que a ética é definida nas interações dos seres humanos entre si, com a natureza e com a cultura, portanto não está limitada aos domínios da razão, da política e da estética: a questão do bem e do mal — ou, na visão de Espinosa (1983), a questão do bom e do mau — está relacionada aos afetos. Assim, a hipótese é a de que a Educação em Direitos Humanos deveria investir na qualidade das relações afetivas, no respeito à diversidade de formas de ser, viver, sentir e pensar, considerando as relações dos seres humanos entre si, mas também as relações com outros entes e seres não humanos que compõem o universo biótico e abiótico do qual somos parte.

Educadora que sou, lanço-me ao desafio, neste artigo, de fazer uma reflexão sobre a produção destes contextos no cotidiano da escola. Para tanto, considero aquilo que ainda fascina os humanos em sua infância: a brincadeira em espaços ao ar livre, o contato com elementos do mundo natural, como água, areia, terra, pedrinhas, gravetos, barro. Digo "ainda os fascina" porque, no mundo urbano, estas são experiências cada vez mais raras, e não apenas em grandes cidades, mas até mesmo nas de médio porte, em função de transformações nos estilos de viver, provocadas por inúmeros fatores, de distintas ordens, entre eles, a ocupação das ruas pelos carros e ônibus, a movimentação do comércio, a violência urbana, uma cultura do consumo que atrai adultos e crianças para os *shoppings*, a proliferação de computadores, *games* e celulares, uma cultura escolar que elege os espaços fechados das salas de aula como espaços privilegiados para as aprendizagens.

**Se os seres humanos em sua infância têm verdadeira paixão por atividades ao ar livre, e se a escola ocupa cada vez mais espaço em suas vidas, qual seria a responsabilidade desta instituição e de seus(suas) educadores(as), no sentido de satisfação desta busca, desta procura dos pequenos por brincadeiras em contato com elementos do mundo natural? Por que as escolas não prezam esse desejo, essa afinidade? Onde estão as origens históricas de um distanciamento entre seres humanos e natureza que é reproduzido cotidianamente nas escolas? Haveria relações entre esta lógica de distanciamento e a situação de degradação das condições de vida na Terra?**

Buscando respostas a essas perguntas, inicialmente procuraremos compreender as razões desta "paixão". A seguir, o texto traz dados de pesquisa sobre as relações entre seres humanos e natureza em espaços de educação infantil. E, na sequência, desejando contribuir para uma reflexão sobre os sentidos da educação no século XXI, aponta a necessidade de questionamento dos pressupostos do paradigma moderno, assentado sobre a falsa premissa de uma separação entre seres humanos e natureza. Ao final, instigado pelo desafio de desconstrução da cultura antropocêntrica — que elege os humanos como centro do universo —, convida os(as) educadores(as) a um movimento de aproximação das crianças do mundo social e natural. Na perspectiva de um projeto educacional que tenha três ecologias como referência (GUATTARI, 1990), quer a qualificação das relações de cada ser consigo mesmo (ecologia pessoal), das relações dos seres humanos entre si (ecologia social) e a qualidade das relações dos humanos com a natureza (ecologia ambiental).[1]

## 1. PAIXÃO PELA NATUREZA

Se perguntarmos às crianças de que elas mais gostam na escola, dirão que é do parquinho, de brincar lá fora. Essa atração é confirmada pelas famílias: também no dia a dia, em casa, nos finais de semana, elas se lançam com entusiasmo à poças d'água, procuram os lamaçais, se empenham em subir e descer pequenas elevações, amam a chuva, o fogo, os animais... De onde viria essa paixão?

Uma primeira explicação vem do fato de que nós, humanos, como todos os demais seres e entes deste planeta, somos seres da natureza. Dela surgimos, para ela retornaremos. Somos seres biofílicos, isto é, oriundos e associados a uma grande rede que inclui o que compõe a vida em seu conjunto, elementos bióticos e abióticos. Assim, todo o esforço civilizacional, no sentido de nos colocarmos distanciados, separados e superiores à natureza, é

---

1. Sem prejuízo ao conceito de "ecologia mental", formulado pelo autor, prefiro adotar a expressão "ecologia pessoal", por sua abrangência e por apontar para a superação do dualismo corpo/mente.

desconsiderado pelas crianças. Elas se lançam à terra, à água, revelando uma intimidade com esses elementos, que nós, adultos, já não apresentamos, talvez por termos sido podados em relação ao desejo de integração. Mas sabemos que a proximidade da natureza nos oferece bem-estar, prazer estético, equilíbrio. Por isto, quando estamos estressados, quando precisamos descansar, não são ruas movimentadas que procuramos, não são espaços entre paredes que almejamos. Está no verde dos campos, nos espelhos d'água o foco de nossos desejos.

Neste texto, nos referimos à natureza como vida que se expressa em todos os seres, coisas e fenômenos; força ativa que criou e que conserva a ordem natural de tudo quanto existe. Como afirma Chaui (2001, p. 209), "princípio ativo que anima e movimenta os seres, força espontânea capaz de gerar e de cuidar de todos os seres por ela criados e movidos. [...] substância (matéria e forma) dos seres". Nessa perspectiva, o ser humano é parte da natureza. Como na filosofia dos pré-socráticos (BORNHEIM, 2001), a natureza é a própria vida, em suas manifestações físico-afetivas.

Para Rousseau, em vez de concebida essencialmente como matéria e movimento mecânico, "a natureza palpita dentro de cada ser humano como íntimo sentimento de vida" (CHAUI, 1978, p. xvi). Para Espinosa (1983), ela seria expressão da substância divina e, como tal, presente em todos os seres e todas as coisas que compõem o cosmo. Fourier (1978), filósofo francês do século XVIII, dizia que tudo no universo está ligado a tudo, que há uma relação de interdependência entre todas as coisas, assegurada pela Lei da Atração Passional — a força que move o universo e garante o equilíbrio e a magnífica sincronização nos movimentos de todos os seres. Analisando a filosofia de Charles Fourier, Konder (1998, p. 21) diz que, na visão do filósofo, "[...] O que se passa conosco, seres humanos, tem a ver com o que se passa com a natureza em geral e até mesmo com os astros no céu. As vicissitudes do ser humano afetam o equilíbrio do cosmo".

Se, como pensava Fourier (1978), o que se passa conosco, seres humanos, tem que ver com o que se passa com a natureza em geral, haveria relações entre desrespeito aos desejos das crianças e degradação ambiental?

Atualmente, o pensamento ecofeminista (MIES e SHIVA, 1998) refere-se a esta unidade entre todos os seres como princípio de conexão, que articula o material e o imaterial, que é a força vital, que não reside em divindades ultraterrenas, em uma transcendência, mas está presente na vida cotidiana, no trabalho, nas coisas e seres que nos rodeiam, em nossa imanência. Esse conceito de espiritualidade tem uma relevância ecológica, porque permite a redescoberta do caráter sagrado da vida, que só será preservada se as pessoas voltarem a considerar sagradas todas as formas de existência e a respeitá-las como tal (MIES e SHIVA, 1997).

Para Espinosa (1983), a felicidade frente à vida não está em bens mundanos — honras, riquezas e prazeres —, mas numa verdadeira conexão de cada ser humano consigo mesmo, com outros seres e com a natureza. É esta integração que possibilita o conhecimento e, simultaneamente, o contentamento de viver.

Para o filósofo do século XVII, todos os seres são modos de expressão da natureza e estão entrelaçados com outros modos. Tudo está em rede, os seres afetam e são afetados, suas ideias são constituídas com base nestas afecções, e, "portanto, o exercício de sua potência será, em grande parte, condicionado pelos encontros oriundos desse entrelaçamento" (GLEIZER, 2005, p. 13).

Na visão de Espinosa (1983), todos os seres são dotados de uma potência de manterem-se integrados com o mundo circundante, que ele denomina como potência de agir. Os seres não existem de forma isolada, estão situados no mundo, existem em relação com outros seres, que favorecem ou criam obstáculos ao pleno exercício de sua potência de agir.

Assim, a atração que as crianças têm pela vida ao ar livre, pelo contato com a natureza, está relacionada ao poder de afecção que o mundo natural exerce sobre elas. Pois é evidente que

"[...] não apetecemos nem desejamos uma coisa porque a consideramos boa, mas, ao contrário, julgamos que uma coisa é boa porque tendemos para ela [...] e a desejamos" (ESPINOSA, 1983, p. 182).

Com base no conceito de biofilia, estudos da psicologia ambiental (PROFICE, 2010) valorizam a proximidade cotidiana da natureza como condição para uma relação estreita entre sentir-se parte do mundo natural e protegê-lo. Isto porque esta condição inata, esta atração humana pelos universos biótico e abiótico dependem de fatores culturais para manter-se, isto é, dependem de estilos de vida que as alimentem, que as afirmem. A ausência de proximidade geraria prejuízos, não apenas pessoais, mas também ambientais.

Do ponto de vista pessoal — e, evidentemente, com consequências no plano social —, o distanciamento da natureza afetaria especialmente o cérebro, o que provocaria um dos mais graves problemas do mundo urbano: as doenças mentais. Do ponto de vista ambiental — e também, neste caso, com graves consequências no plano social —, o distanciamento dos humanos, desde a infância, em relação ao universo de que são parte resultaria em desamor, indiferença, desconsideração e mesmo em agressividade em relação à natureza.

Considerando a relação estreita entre sentir-se parte do mundo natural e protegê-lo, tendo em vista que o distanciamento é gerador de desconexão e desequilíbrio, podemos pensar que há uma relação entre degradação ambiental e desatenção à paixão das crianças pela natureza, ao seu movimento insistente no sentido de integrarem-se, de perseverarem, de manterem-se como seres de natureza.

A retomada deste modo de sentir e viver a vida — hoje tão pouco valorizada por nossa civilização, mas tão presente entre os humanos em sua infância — exige um movimento de reaproximação com a natureza. Melhor dizendo, exige uma reintegração ao universo do qual somos parte. E não apenas em consideração

*Direito ao ambiente como direito à vida*

às demais espécies, à necessidade de preservá-las, mas também por questão de preservação da própria integridade humana.

Segundo Espinosa, o desejo é o impulso que assegura a realização dos atos que nos possibilitam a manutenção dessa integridade. O desejo é "o móbil fundamental da conduta humana", é o "princípio que rege a vida afetiva, no sentido da autoconservação e da autoexpansão" (GLEIZER, 2005, p. 32-33).

Assim, todos os seres vivos se esforçam por perseverar no seu ser, o que significa dizer que se esforçam em manter-se como tal. Na contramão desta tendência, se negamos algo que somos, nos alienamos em relação a nós mesmos, nos mutilamos, adoecemos. Se queremos trabalhar na perspectiva da integridade dos seres humanos, as relações de proximidade com elementos naturais precisam ser compreendidas, pelas escolas e seus educadores, como um direito humano. Pois é isto que as crianças desejam!

Considerando, com Espinosa (1983), que é a afetividade humana o substrato da vida ética, o tronco comum da servidão e da liberdade, que seres estarão sendo formados em escolas que impedem as crianças de se manterem conectadas com o universo de que são parte?

Na perspectiva de uma escola cujos objetivos estejam pautados numa ética que potencialize a existência, a atenção aos desejos das crianças é uma premissa, pois o desejo é "o apetite de que se tem consciência". "O apetite não é senão a própria essência do homem, da natureza da qual se segue necessariamente o que serve para a sua conservação; e o homem é, assim, determinado a fazer essas coisas" (ESPINOSA, 1983, p. 182).

Assim, o tempo — tão desejado pelas crianças — de estar ao ar livre, brincar, explorar, pesquisar, assim como as condições concretas para desfrutar de ambientes ao ar livre, deveriam ser componentes obrigatórios tantos dos planejamentos pedagógicos e das rotinas, quanto dos próprios espaços onde se dão as atividades escolares.

Entretanto, estamos ainda distantes desta realidade, porque, como veremos a seguir, estar ao ar livre não é uma definição, um imperativo, um princípio pedagógico, mas uma opção de cada educador(a)!

**Que ideias serão constituídas em seres que têm negados os seus desejos de integração com o universo de que são parte?**

## 2. A NATUREZA NÃO É CENÁRIO DO MUNDO DO FAZ DE CONTA

Desafio as(os) educadoras(es) a registrarem a sequência de atividades e o tempo em que as crianças permanecem em cada espaço, desde o momento em que chegam às escolas até o de retornarem a casa. Muito provavelmente verificarão que são conduzidas de um espaço fechado a outro, que a chegada aos espaços externos é demorada, e pode mesmo não acontecer!

Em pesquisa realizada em Blumenau (SC), sobre as relações entre seres humanos e natureza na educação infantil (TIRIBA, 2005), verifiquei que tudo é razão para que as crianças sejam mantidas em sala. Em Centros de Educação Infantil que atendiam crianças de zero a 6 anos, em jornada de 10 horas, elas eram mantidas por mais de 9 horas em espaços fechados, vão para o pátio "se der tempo". Se o dia está acinzentado, nublado, com "cara de chuva", embora não esteja chovendo, elas não saem da sala; se não se comportam bem, não merecem ir ao parque...

No caso dos bebês, a situação se agrava, porque ficam restritos a um solário, que, muitas vezes, é apenas uma pequena sacada de cimento, sem atrativo algum. Em alguns casos, além do solário, frequentam também as áreas externas, mas isso não é o comum. Assim, nem mesmo está assegurado a eles — como aos prisioneiros é concedido — o banho de sol, tão fundamental para o crescimento sadio do corpo. E quando os berçários estão

*Direito ao ambiente como direito à vida*

situados na parte superior dos prédios, se acentua a situação de aprisionamento das crianças que têm até 2 ou 3 anos, devido à dependência física, à falta de carrinhos, às rotinas de troca e alimentação, ao pequeno número de adultos.

A pesquisa mostrou que, desconsiderando as orientações do MEC, relativas ao direito de as crianças de avistarem o lado de fora das instituições (FARIA, 1998), são muito comuns as janelas basculantes, colocadas no alto das paredes, portanto, inacessíveis.

A permanência entre paredes é maximizada nas instituições em que alguns fatores se conjugam: o tempo ao ar livre é diminuto, as janelas não estão acessíveis e as educadoras não favorecem a visão do lado de fora. Assim, nem as crianças vão lá fora, nem acessam, através das janelas, o mundo a sua volta, a luz do sol! Cruzando os dados relativos ao pouco tempo em espaços ao ar livre com a falta de janelas, podemos verificar que algumas crianças vivenciam uma situação de verdadeiro aprisionamento. O que isso pode significar para a saúde das crianças, para a sua ecologia pessoal, considerando que retornam para casa já à noite?

Mais recentemente, pesquisa sobre condições ambientais das escolas de educação infantil do estado do Rio de Janeiro (TIRIBA, 2013) vem revelando uma dura e rígida rotina que mantém as crianças em espaços fechados, assim, como o distanciamento e/ou desatenção em relação aos espaços ao ar livre.

Poucos pátios são de terra ou barro: quando estão ao ar livre, as crianças brincam sobre o chão predominantemente coberto por cimento, revestimento que predomina nas áreas externas, sob o argumento de que a areia seria fonte de doenças de pele e a terra impediria que as crianças se mantenham com as roupas limpas.

Em relação ao plantio de hortas, flores, canteiros de ervas e temperos, o que se pode verificar é que se trata de uma atividade eventual. Há exceções, mas, geralmente, não cabe às crianças e a suas educadoras a responsabilidade de cuidar dos vegetais, mesmo daqueles que elas plantaram. Uma das razões é que essa seria uma atividade não adequada, perigosa, imprópria para crianças. Assim, são raras as situações em que as crianças têm acesso direto e frequente à terra, à horta, participando da limpeza do terreno, do plantio, da colheita, enfim, se integrando, conhecendo na prática os processos de nascimento e crescimento dos frutos da terra. Em geral, esse contato não é assegurado nas rotinas cotidianas, não é parte indissociável do planejamento pedagógico das unidades.

Em todas as instituições, a água é, invariavelmente, um elemento presente: em torneiras, chuveiros, mangueiras, bacias, piscinas, riachos... mas, apenas em algumas as crianças desfrutam dela. O contato existe, mas a relação é funcional, utilitária: serve para limpar os espaços e para fazer a higiene das crianças. São raras as instituições em que as crianças brincam sempre com água.

Quando está muito calor, são oferecidos banhos de mangueira para refrescar. Mas, mesmo no verão, talvez na maioria das creches e pré-escolas, eles não sejam parte da rotina. Em alguns casos, mesmo o banho de chuveiro não é diário.

Banhos de chuva!? Nem pensar! "Os pais crucificariam a gente", diz uma professora, "eles têm medo de doença"! E as auxiliares de limpeza e professores(as) temem a molhadeira dos uniformes, dos espaços, a trabalheira que representaria preparar o ambiente, as roupas e os sapatos de forma a facilitar o trabalho que essa atividade geraria. Em decorrência desse conjunto de fatores, os banhos de mangueira, as brincadeiras de fazer comidinha, de dar banho em boneca, fazer barquinho para colocar na correnteza das valas quando chove... nada disso é corriqueiro, ao contrário, é exceção! A água vale pela utilidade que tem: essa é a mensagem para as crianças! Para além dos momentos de beber e lavar mãos e rostos, as crianças só se aproximam da água em situações festivas; isto significa que elas são vivenciadas como prêmio, não como direito.

Finalmente, podemos pensar nos espaços externos, no entorno das escolas, que poderiam oferecer proximidade de elementos

*Direito ao ambiente como direito à vida*

da natureza. O que haveria aí: praças, terrenos baldios acessíveis às crianças? Em muitos casos, sim, mas eles não são tomados como objetos de investigação, raramente são incluídos nos planejamentos pedagógicos. Mesmo quando esses lugares são frequentados regularmente pelas crianças e suas famílias (pois é onde residem e, às vezes, até mesmo os(as) educadores(as)), é comum que os(as) professores(as) identifiquem o entorno como lugar não apropriado para brincadeiras e exploração, porque frequentados por pessoas "estranhas" ao universo escolar. Esta situação evidencia desconhecimento ou descompromisso com o artigo 29 da Lei de Diretrizes e Bases da Educação Nacional (BRASIL, 1996), que define creches e pré-escolas como espaços concebidos/produzidos como complementares à educação oferecida pela família e pela sociedade. Se depende de decisão do(a) educador(a), do(a) diretor(a), de acordo com o que cada profissional considera importante ou suficiente, é porque o contato com a natureza não é assumido como direito das crianças, como princípio do trabalho, não está relacionado a um objetivo pedagógico.

A conclusão é que o entorno não é assumido como espaço educativo; ou melhor, o acesso a ele não é considerado como direito das crianças. Isso nos leva à pergunta: **no imaginário dos(as) profissionais, as crianças não teriam o direito de conhecer a realidade natural e social que a cerca? Se essa é uma das funções da educação infantil, como estas(es) profissionais conceberiam o acesso a estas realidades: através do discurso pedagógico, das gravuras, das histórias, de práticas que falam da realidade, mas dela não se aproximam?** Isso confirmaria uma concepção em que o conhecimento não está relacionado à vida concreta, mas abstrata, que passa da cabeça dos(as) professores(as) para a das crianças, sem vínculo com a realidade em que estão situadas.

Em síntese, o que as citadas pesquisas vêm revelando é uma dura e insensível rotina que mantém as crianças em espaços fechados, criando obstáculos ao livre acesso a elementos do mundo natural (água, terra, areia), à ampla movimentação dos corpos, ao deslocamento nos espaços internos e externos às instituições, caracterizando um cotidiano de controle dos impulsos e sublimação dos desejos de expansão.

Em flagrante desrespeito às definições legais expressas nas Diretrizes Curriculares Nacionais para a Educação Infantil (DCNEI), aprovadas em 2009 pelo Conselho Nacional de Educação, creches e pré-escolas funcionam como instituição de sequestro, assemelham-se ainda hoje a quartéis e prisões. De manhã cedo, geralmente as crianças são recebidas no espaço de sua sala de atividades e circulam em vários ambientes fechados até chegarem ao lado de fora, onde permanecem por um tempo diminuto, em relação ao período total em que permanecem na creche. As janelas, que as colocariam em contato com o mundo externo, muitas vezes não estão acessíveis. A areia está presente como revestimento dos espaços onde estão os brinquedos de parque. Nos demais, predominam o cimento e a brita, materiais que não são adequados, ou melhor, que não oferecem proteção física nem conforto, ainda mais se considerarmos as condições climáticas. A areia tem sido retirada de muitos espaços de educação infantil com o argumento de que provocam doenças de pele. **Brincar com areia é fundamental porque com ela se pode construir e derrubar e construir outra vez, muitas vezes, os castelos, os sonhos da infância. As crianças aprendem, assim, a sentir que com a vida o mesmo**. Poucos pátios são de terra ou barro. A grama, onde existe, muitas vezes não está liberada para os pequenos, sob o pretexto de que nela não se pode pisar. Por outro lado, onde ocupa a totalidade da área externa, não oferece alternativas de brincadeiras de cavar, amontoar, criar e demolir, atividades tão desejadas, que só a terra e a areia propiciam. A água, esse elemento que tanto atrai, também é mantido à distância, apesar dos benefícios que o seu contato propicia, em termos físicos e emocionais. A água é o elemento de onde se origina a espécie, tanto do ponto de vista da filogênese quanto da ontogênese. Viria daí, talvez, o verdadeiro fascínio que desperta. E se, na maior parte das instituições, as crianças não se vinculam a atividades de cuidar da vegetação, esta teria apenas finalidades de uso prático (para dar sombra, para comer); ou, então, função decorativa, numa evidência da relação antropocêntrica que marca a nossa cultura. Finalmente, quanto ao entorno, mesmo quando as escolas estão localizadas em áreas próximas a parques, praças, bosques, terrenos baldios, campos de futebol, eles não são utilizadas com regularidade. É como se a realidade se reduzisse às áreas intramuros, e elas houvessem nascido para a escola, não para o mundo. Assim, a vida que está para além dos muros escolares não é entendida como campo de ação das crianças e/ou objeto de exploração pedagógica, o que nos leva, outra vez, aos espaços entre paredes. Tudo indica que as rotinas as mantêm aí, a maior parte do tempo, porque estar ao ar livre não é considerado um direito das crianças!

Diante do que está anteriormente descrito, vale então, perguntar: se uma criança chega à creche aos quatro meses e sai aos seis 6 anos, se passa 12 horas diárias lá, e até os 3 anos não frequenta o pátio; se, a partir dessa idade, adquire o direito de permanecer por 2 ou 3 horas, no máximo, brincando do lado de fora, sobre cimento e brita; se as janelas da sala onde fica o restante do tempo não permitem a visão do mundo exterior; se assim os dias se sucedem, esta criança não conhece a liberdade... ela está prisioneira!!!

Em realidade, as formas de organização do espaço e o modo de funcionamento de creches e pré-escolas expressam uma situação de emparedamento e desrespeito aos desejos do corpo que se mostra ainda mais grave em outros níveis escolares. Isso acontece porque o divórcio entre corpo e mente é paradigmático: atravessa toda a sociedade e, consequentemente, as instituições educacionais em todos os seus segmentos. Via da regra, a partir do ensino fundamental, as crianças são afastadas de forma ainda mais radical do mundo da brincadeira, da vida ao ar livre, estabelecendo-se um impasse entre o desejo das crianças e normas impostas (TIRIBA, 2008).

Por que é assim? Onde estão as origens deste modo de funcionamento?

## 3. ABRINDO BRECHAS NO PARADIGMA MODERNO: MISTÉRIO E COMPLEXIDADE

No centro do paradigma que vem orientando a organização do mundo nos três últimos séculos estão relações entre seres humanos e natureza que se caracterizam por dominação e controle. Essa visão se tornou hegemônica há menos de 50 anos, quando o capitalismo se planetarizou, impondo sua lógica à grande parte dos povos da Terra. Assim, a crise ética que vivenciamos — fruto do processo de globalização desse modelo de pensamento e desenvolvimento que é insalubre para as espécies e para o planeta — está relacionada aos pressupostos deste paradigma.

Estamos nos referindo a paradigma como esquema modelar para a descrição, explicação e compreensão da realidade. Paradigma é mais que uma teoria, é uma estrutura que gera teorias, é um padrão, é um modelo de pensar e de sentir que define a relação dos seres humanos com a realidade, com o seu tempo. Um paradigma "é um conjunto de perspectivas dominantes em torno da concepção do ser, do conhecer e do homem que [...] adquirem uma estabilidade tal que se naturalizam" (PLASTINO, 2001, p. 22).

Entendendo que a história e a cultura são construções sociais — isto é, são construções humanas, pessoais e coletivas — na visão desse autor; um paradigma é uma construção imaginária que se tornou hegemônica. Diferentemente das construções imaginárias próprias dos períodos anteriores, na Idade Moderna, a ideia de um ser humano separado da natureza abriu caminhos a processos de qualificação e quantificação do real que são fundamentais ao seu objetivo de manipulação e à transformação do mundo da matéria. A ciência contemplativa é substituída por uma ciência ativa, cujos métodos de investigação possibilitaram um importante conhecimento a respeito do modo de ser da natureza.

Não podemos negar a validade operatória da ciência, pois é na utilidade de suas descobertas para a humanidade que está cimentada a sua legitimidade. Mas, se isso é verdade, também é verdade que a crença em seus postulados tem levado a uma dinâmica científica e tecnológica que provoca danos profundos e mesmo ameaça à vida das espécies e do planeta. Nessas circunstâncias, o desafio atual não é o de negar ou mesmo reduzir a importância da ciência moderna, mas o de denunciar o seu lugar exclusivo na configuração de um paradigma que, em nome da objetividade — isto é, da produção de um conhecimento utilitário e funcional — negligencia as qualidades intrínsecas da natureza, dos objetos e dos fenômenos; e deixa de fora, ou minora a importância dos valores, dos afetos, das forças inconscientes que o constituem e instituem.

O pressuposto fundamental da modernidade é o de que a natureza tem uma lógica interna que pode ser decifrada pela razão humana (SOUSA SANTOS, 2001).

> Essa concepção foi obviamente contestada ao longo da história da modernidade, porém ela é, ainda hoje, dominante, ao ponto de se impor como "senso comum". Fundada na filosofia grega desde Platão, a concepção do real como *ser* adquiriu na modernidade as características com as quais nos habituamos a pensar o real e a nossa relação com ele. Relação de conhecimento, apropriação e manipulação que, sob a égide do racionalismo, caracteriza o empreendimento prometeico da cultura ocidental. Nessa perspectiva o ser é pensado como constituído conforme determinada racionalidade que o ordena e o torna previsível nas suas transformações (PLASTINO, 1994, p. 5).

Nessa direção a razão é o instrumento exclusivo de percepção, de captação desta ordem. E o "homem" — como a civilização patriarcal denomina o gênero humano — é o ser que dispõe desse instrumento que permite desvendar a realidade, as leis de existência da natureza física e social. Para empreender essa façanha ele se distancia da natureza, se separa de seu "objeto" e assume um lugar de onde pode fazer uma observação neutra. O "homem" com sua racionalidade torna-se, assim, capaz de desvendar as verdades de uma natureza que se submete à sua investigação. Utilizando o instrumental científico, seria possível chegar a um conhecimento verdadeiro da realidade. A ciência seria o resultado dessa investida da razão humana sobre uma realidade predeterminada, cujas leis o pesquisador descobre.

Entretanto, depois dessa visão de mundo reinar absoluta durante séculos, pesquisas no campo da física, da matemática e da biologia abriram espaços para questionamentos dos pressupostos da ciência moderna. As descobertas revelaram que os fundamentos científicos do paradigma da modernidade não expressam "a verdade", mas apenas determinada visão da realidade em que só é considerado como legítimo o conhecimento objetivo e explicativo; em que são desqualificados, ignorados e/ou isolados todo e qualquer caminho de conhecer que seja intersubjetivo, descritivo e compreensivo (PLASTINO, 2001).

Assim, os pressupostos da ciência moderna seriam o resultado de uma opção por um caminho de conhecer que exclui outras dimensões e possibilidades humanas de apreensão da realidade. Um dos fundamentos metodológicos do paradigma moderno está, justamente, na oposição radical entre sujeito e objeto, divórcio que é a expressão de outro, maior, que o compõe estruturalmente: a oposição entre ser humano e natureza.

De fato, nas primeiras décadas do século XX, estudos do campo da física quântica relativizaram a importância, a abrangência e a eficácia deste fundamento ao revelar processos em que a constituição do objeto se dá com a participação do observador e depende do ponto de vista que é observado.

No campo da física, os "furos" no paradigma moderno foram abertos por pesquisas cujos resultados questionam a própria concepção de matéria:

> eles revelaram a sua dupla natureza, ora de partícula, ora de onda, perceptíveis de acordo com o ponto de vista do observador e que não podem ser definidas em separado, mas em sua interconecção. Outras pesquisas revelaram fenômenos que demonstram uma capacidade de auto-organização da matéria através de reações espontâneas, que nada têm a ver com as reações de causa e efeito da mecânica, mas que incluem o vir a ser, o devir. Também as noções de tempo e espaço absolutos foram questionadas pelas investigações de Einstein, demonstrando que as leis de Newton não são absolutas, mas correspondem a medições locais, são, portanto, conceitos relativos (SOUSA SANTOS, 2001, p. 30).

Assim, em vez da onipotência do paradigma moderno, que pretendeu esgotar o conhecimento da realidade, outras perspectivas epistemológicas colocam-se frente a ela de maneira mais humilde, mais sensível, mais cuidadosa, num quadro em que se vislumbra a possibilidade de destruição maciça, através da guerra ou do desastre ecológico.

Assim, estamos no limiar do século XXI diante de uma evidência: em lugar de uma visão de mundo em que a natureza previamente determinada se abre a um sujeito racional, o que temos é uma realidade complexa, que não é estável em suas leis, que se transmuta, que é, portanto, devir. Essa "nova" realidade precisa ser pensada por um processo de conhecimento que também é complexo, que não pode ser abordado unicamente pelo instrumento da razão, que se dá também por outros canais: diretamente através do corpo, das interações afetivas, do inconsciente, da sensibilidade artística, enfim, por meio de outros caminhos de sentir-conhecer. Essa maneira de conceber o conhecimento é trabalhada por diversos autores, que utilizam diferenciadas metáforas no esforço de conceituá-lo. O fenômeno que Guattari e Deleuze chamam de rizoma, ou de transversalidade, Foucault denominaria "capilaridade do poder"; Lefebvre, Certeau e Latour, "conhecimento em rede"; Boaventura de Sousa Santos, "rede de subjetividades geradas em redes de contextos cotidianos"; e Morin, "pensamento complexo" (GALLO, 2003).

Essa nova perspectiva epistemológica não supre as "falhas", nem supera a razão no processo de apreensão da realidade, não exige a busca de um conhecimento verdadeiro, mas assegura a captação de aspectos que estão presentes e são verdadeiros, embora não possam ser provados nem explicados. Rendendo-se ao mistério, isto é, ao que não pode ser decifrado pela razão, quer apenas a ampliação dos horizontes do conhecimento para muito além dos limites impostos pelo caminho racional. Propõe prudência nas pesquisas e no agir, na medida em que

> A expansão da capacidade de ação ainda não se fez acompanhar de uma expansão semelhante da capacidade de previsão, e, por isso, a previsão das consequências da ação científica é necessariamente muito menos científica do que a ação científica em si mesma (SOUSA SANTOS, 2001, p. 58).

Ao negar a exclusividade da razão, coloca em pauta a importância de uma consideração pelas verdades do corpo — como diria Lowen (1991) —, legitimando os múltiplos canais de troca com o mundo material e espiritual em que estamos situados.

As indicações de um real que não é tão determinado provocaram transformações na própria concepção do ato de conhecimento. Essas transformações se refletiram, então, na metodologia da pesquisa científica, e foram possibilitando o delineamento de novas relações entre sujeito e objeto. Assim, vem sendo possível a construção de outra visão do real, que não se sustenta numa base lógica e racional, que não se caracteriza pela homogeneidade e pela estabilidade, mas que é heterogênea, mais complexa do que o pensamento moderno imaginava.

Esse novo olhar para a realidade questiona as bases em que está assentada a visão de mundo moderna. E, portanto, questiona as práticas educacionais atuais, conduzindo, inevitavelmente, a uma indagação sobre os sentidos do trabalho escolar, das formas de organização de seus espaços e tempos, estruturados com base em seus pressupostos.

## 4. RECRIAR A VIDA, REINVENTAR A ESCOLA

O grande desafio, nos dias atuais, é o de nos constituirmos como educadores(as) que contribuam para que a geração de crianças e jovens dos dias atuais encontre saídas para as crises que a humanidade enfrenta. David Orr (1995), educador norte--americano, sintetiza os desafios: caberá às crianças e jovens de hoje a tarefa de encontrar soluções para os problemas causados por duzentos anos de industrialização, como controlar a emissão de gazes tóxicos e eliminar a poluição, administrar os recursos não renováveis, utilizar melhor a energia, conservar o solo e proteger a diversidade biológica; e também estabilizar a população do planeta sem ferir a necessidade humana de procriar, encontrando soluções para as desigualdades sociais e animosidades raciais.

Para fazer frente a esses desafios, será necessário educar pessoas críticas, criativas e inteligentes, mas, sobretudo, afetivas, solidárias e conscientes de sua **condição de espécie** (CHARDIN, 1986). Capazes de pesquisar, no melhor de suas tradições, modos de pensar, de sentir e agir que estejam comprometidas com o respeito à diversidade ambiental e cultural; que nos aproximem, como espécie, de uma postura mais equilibrada nas relações de cada ser humano consigo mesmo, com os outros seres humanos e com a natureza.

Essa utopia aponta para um projeto educativo cujas práticas pedagógicas estejam focadas na qualidade das interações humanas e biofílicas. Práticas cotidianas que questionem as bases em que está assentada a visão de mundo moderna, as quais, do ponto de vista ontológico, questionem uma visão da realidade como racionalmente organizada. Práticas que, do ponto de vista epistemológico, ponham em xeque a exclusividade da razão no processo de abordagem e compreensão da realidade, e, do ponto de vista antropológico, questionem a visão de um ser humano definido por sua racionalidade (PLASTINO, 1994).

Essas novas práticas pedagógicas apontam para a superação da escola da Revolução Industrial, na medida em que contribuem para a desconstrução de uma visão, de uma concepção, e um sentimento de natureza, de ser humano, de infância, de educação e de escolas que, desde o século XVIII, em seu nascedouro, como instituição de educação de massas, estiveram — e ainda estão — voltadas para a formação de trabalhadores(as) úteis ao processo de produção (BARBOSA, 2006). Que, por esta razão, desde a creche e a pré-escola, realizam um trabalho de adestramento, que passa pelo afastamento das crianças da natureza, pelo controle minucioso das posturas corporais, dos gestos; passa pela vigilância dos espaços e controle dos tempos, das atividades, num processo de docilização, de controle e contenção de impulsos de expansão, de desejos (FOUCAULT, 1987; PAULINO, 2012).

Buscando referências para a edificação de uma nova escola comprometida com a qualificação da vida no plano de três ecologias — pessoal, social e ambiental (GUATTARI, 1990) —, diríamos que o fundamental é nos dedicarmos a cuidar da qualidade das interações humanas e das interações biofílicas, oferecendo espaços e tempos para brincadeiras e tudo que tenha significado para as crianças, que valorize a sua movimentação e expressão, a sua curiosidade, criatividade, inventividade, em contato com outras crianças e adultos e com outros seres não humanos.

Isso não se faz com uma pedagogia que se dá fundamentalmente em espaços fechados e submetidos ao comando dos adultos, mas exige outras dinâmicas em que há liberdade para que as crianças escolham livremente e definam seus interesses. Nessa linha, necessitamos de uma metodologia de trabalho pedagógico em que os adultos é que se organizam para dar conta de acompanhá-las e incentivá-las em relação ao que desejam conhecer, oferecendo recursos que ampliem seu universo de pesquisa. Isto porque uma educação que respeite os movimentos inesperados do pensamento não pode estar repartida em gavetas sem conexão, ela caminha na contramão da compartimentaliza-

*Direito ao ambiente como direito à vida*  133

ção do saber, ela quer articular o que na realidade não se separa (GALLO, 2003). Na perspectiva de rompimento com as fronteiras disciplinares, não há lugar para a pedagogia do entre paredes: é livre o trânsito entre espaços fechados e a vida ao ar livre.

Esse modo de conceber o trabalho pedagógico exige a superação da falsa premissa de separação entre seres humanos e natureza, de superioridade dos humanos sobre as demais espécies em função de serem portadores de razão, instrumento que possibilitaria o conhecimento de uma realidade que preexiste, determinada por leis universais. É justamente a crença na exclusividade da razão que leva a que — nos processos de conhecimento — as sensações físicas, as emoções, os afetos, os desejos, a intuição, a criação artística sejam relegados a um segundo plano. Na contramão dessa perspectiva racionalista, uma concepção holística aposta na multiplicidade do conhecimento que não obedece a ordens lineares ou hierárquicas. Por acreditar que se processa rizomática e transversalmente (GALLO, 2003; DELEUZE, 2002), abre-se ao que se anuncia como desejo de aprender, desejo de adentrar realidades... seguir, penetrar, conectar infinitamente, como um rizoma, onde não há pontos definitivos de chegada, não há fronteiras disciplinares!

Essa proposta considera como indissociáveis os aspectos sociais e os aspectos físicos e biológicos que constituem o ambiente. Em outras palavras, entende as crianças e o ambiente como uma unidade indissolúvel, como nos indicam os estudos de Morin (1990) e Maturana (2002), ao afirmarem a vida como uma rede em que todos os seres estão absolutamente interligados. Ou mesmo nos indicam a necessidade de uma releitura dos estudos de um Vigostski não interacionista, na medida em que evidencia a unidade entre os seres humanos do universo em que estão situados (PRESTES, 2010).

Essa compreensão nos ajudará a responder aos anseios das crianças pelo desejo de interagirem com a natureza e, por este caminho, tornarem-se capazes de preservá-la. Além disso, favorecerá a crítica à cultura antropocêntrica que orienta nossa visão de mundo, em que os seres e entes não humanos são colocados em lugar de submissão aos humanos, numa evidente ignorância de que a vida depende de uma interação equilibrada entre as espécies. Finalmente, em vez de uma relação de domínio e de exploração, seremos capazes de um movimento democrático de novo tipo, na medida em que incluiremos no diálogo outros seres e entes não humanos que, na dinâmica da vida, equilibram-se em teia, absolutamente interligados.

## CONSIDERAÇÕES FINAIS

As razões para que as crianças sejam impedidas de vivenciar a sua paixão pela natureza, pela água, pela terra, pelo barro, pela vida ao ar livre se devem a que esta proximidade as convoca à liberdade, à criatividade, ao relaxamento. Essas são posturas frente à vida que não interessam a um modo de produção que é orientado por relações de lucro e de poder. Em desrespeito à sua condição de seres biofílicos, crianças e jovens são mantidos predominantemente em espaços entre paredes, porque a proximidade da natureza ameaça uma visão de mundo que se sustenta na ideia de divórcio entre seres humanos (entendidos como sujeitos investigadores) e natureza (entendida como objeto de domínio, exploração e controle).

Pois, no paradigma da modernidade — desenhado num contexto de desenvolvimento da utopia capitalista —, a natureza tem uma lógica que pode ser decifrada por um ser humano definido por sua atividade mental. É essa atividade que interessa aos objetivos de domínio e controle da natureza. As crianças são distanciadas do mundo natural porque a separação sujeitos/objeto (ser humano/natureza) é um componente essencial na produção de uma ciência que possibilita este domínio (TIRIBA, 2005). Na

*Direito ao ambiente como direito à vida*

135

maioria das escolas ocidentais, os espaços ao ar livre não são considerados como lugares de aprendizagens escolares sistemáticas, implicando que, do ponto de vista do planejamento pedagógico, o lado de fora seja, comumente, o lugar do nada. Em virtude de uma crença na razão como exclusivo instrumento de conhecimento, quando ele inclui os espaços naturais, via de regra, visa à observação crítica, não à contemplação, à conservação, ou mesmo à preservação.

A estratégia de emparedamento das crianças está relacionada ao objetivo de produção de corpos dóceis de que o capitalismo necessita (FOUCAULT, 1987). Obrigadas a permanecerem em espaços fechados, impedidas de se integrarem ao universo de que são parte, sofrem uma dupla alienação: do mundo maior ao qual pertencem e dos desejos de um corpo que é também natureza!

> Ao mantê-lo por tanto tempo imobilizado, a escola trata o corpo também como natureza inesgotável, capaz de ceder infinitamente às necessidades da mente, assim como o meio ambiente natural cede matérias-primas às necessidades impostas pelo mercado (GOUVÊA e TIRIBA, 1998, p. 109).

Assim, o que podemos inferir é que os desequilíbrios ambientais — gerados pelo sistema capitalista, urbano, industrial, patriarcal e evidenciados num plano macropolítico — correspondem, no plano micropolítico, ao sofrimento produzido pela lógica do aprisionamento. Alienado da realidade natural e da realidade corporal-espiritual, o modo de funcionamento escolar atual contribui para o aprofundamento de uma lógica que produz desequilíbrios no plano das três ecologias: pessoal, social e ambiental.

Ultrapassar os muros, desemparedar: esta é uma condição para que possamos refazer elos de proximidade com o mundo natural, para que respeitemos as crianças e os jovens em sua integridade como seres de natureza e de cultura. Em consequência, as propostas pedagógicas e de formação de educadores(as) precisam também se orientar por objetivos de contemplação e reverência à natureza, assim como de respeito pelas necessidades/vontades do corpo, pelo direito aos deslocamentos, aos movimentos amplos em espaços escolares que, por direito, são seus (TIRIBA, 2010b).

Esse novo modo de pensar a escola, em que são privilegiadas as interações humanas e biofílicas, coloca em xeque o paradigma da modernidade, na medida em que questiona uma visão da realidade racionalmente organizada; questiona a exclusividade da razão no processo de abordagem e compreensão da realidade; e, ainda, a visão de um ser humano definido por sua racionalidade.

A escola é o único espaço social que é frequentado diariamente, e durante um número significativo de horas, por adultos e crianças. É, portanto, um espaço privilegiado para práticas educativas que favoreçam a integridade de cada ser, que alimentem relações fraternas entre os membros da espécie e que preservem a biodiversidade, a qualidade de vida pessoal, social e ambiental, em cada escola, em cada grupo de crianças, na cidade, no país, na Terra. Precisamos de espaços e rotinas que sirvam à intenção de alimentar o amor à vida e à natureza. Pois é aí que se concretizam, ou não, as definições legais que propõem a "inviolabilidade física, psíquica e moral da criança e do adolescente [...]" (BRASIL, 1990 — ECA, art. 17). É no cotidiano, no aqui e agora, nos atos e expressões que permeiam as relações entre adultos e crianças que asseguramos, ou não, "a preservação da imagem, da identidade, da autonomia, dos valores, ideias e crenças, dos espaços e objetos pessoais" (idem, ibidem).

Assim, é necessário pensar os objetivos da Educação em Direitos Humanos em função de escolhas que envolvam novas formas de pensar a existência humana no planeta; que envolvam, portanto, valores distintos daqueles que definem o atual contexto socioambiental, determinado por uma história de dominação e controle. Uma sociedade sustentável pressupõe que os humanos se tratem como iguais nas relações pessoais, familiares e políticas, mas também como parceiros iguais da natureza não humana. Isto exige uma percepção do humano como parte da natureza, não como seu senhor!

# REFERÊNCIAS

BARBOSA, Maria Carmem S. *Por amor e por força*: rotinas na educação infantil. Porto Alegre: Artmed, 2006.

BOFF, Leonardo. *Saber cuidar*: ética do humano, compaixão pela Terra. Petrópolis: Vozes, 1999.

BORNHEIM, Gerd. *Os filósofos pré-socráticos*. São Paulo: Cultrix, 2001.

BRASIL. Diretrizes Curriculares Nacionais da Educação Infantil. Resolução CNE/SEB n. 5/2009. *Diário Oficial da União*, 2009.

_____. Estatuto da Criança e do Adolescente. Lei n. 8.069, de 13 de julho de 1990.

_____. Lei de Diretrizes e Bases da Educação Nacional — LDB n. 9394/1996.

_____. MEC/SEF/COEDI. *Subsídios para credenciamento e funcionamento de instituições de educação infantil*. Brasília: 1998. v. 1.

CASTRO, L. R.; GARCIA, C. L.; JOBIM e SOUZA, S. *Infância, cinema e sociedade*. Rio de Janeiro: Ravil, 1997.

CHARDIN, T. *A essência da ideia da democracia*. Rio de Janeiro: PACS, 1986.

CHAUI, Marilena. *Convite à filosofia*. São Paulo: Ática, 2001.

_____. Vida e obra. In: ROUSSEAU, Jean-Jacques. *Discurso sobre a origem e os fundamentos da desigualdade entre os homens*. (Apresentação de Marilena Chaui) São Paulo: Abril Cultural, 1978. (Col. Os Pensadores.)

DELEUZE, Gilles. *Espinosa, filosofia prática*. São Paulo: Escuta, 2002.

ESPINOSA, Baruch de. *Ética*. São Paulo: Abril Cultural, 1983. (Col. Os Pensadores.)

FARIA, A. L. Goulart. O espaço físico nas instituições de educação infantil. In: MEC/SEF/COEDI. *Subsídios para credenciamento e funcionamento de instituições de educação infantil*. Brasília, 1998. v. 2.

FOUCAULT. Michel. *Vigiar e punir*. Petrópolis: Vozes, 1987.

FOURIER, Charles. *Doutrina social (El Falasterio)*. Madrid: Ediciones Juan, 1978.

FREIRE, J. R. B.; MALHEIROS, M. *Os aldeamentos indígenas do Rio de Janeiro*. Rio de Janeiro: UERJ/MEC/FNDE, 1997. v. 1. 82 p.

FREIRE, Paulo. *Educação como prática da liberdade*. Rio de Janeiro: Paz e Terra, 1976.

GALLO, Silvio. *Deleuze e a educação*. Belo Horizonte: Autêntica, 2003.

GLEIZER, Marcos. *Spinoza e a afetividade humana*. Rio de Janeiro: Jorge Zahar, 2005. (Col. Filosofia Passo a Passo.)

GOUVEA, Maria José; TIRIBA, Léa (Org.). *Educação infantil*: um projeto de reconstrução coletiva. Rio de Janeiro: Sesc/ARRJ, 1998.

GUATTARI, Félix. *As três ecologias*. Campinas: Papirus, 1990.

KONDER, L. *Charles Fourier*: o socialismo do prazer. Rio de Janeiro: Civilização Brasileira, 1998.

LEFF, H. (Coord.). *A complexidade ambiental*. São Paulo: Cortez, 2003.

LOWEN, Alexander. *Amor e orgasmo*. São Paulo: Summus, 1991.

MATURANA, Humberto; VARELA, Francisco. *A árvore do conhecimento*. Campinas: Editorial Psy II, 2002.

MERCHANT, Carolyn. Ecofeminismo. In: CORRAL, Thaís; OLIVEIRA, Rosiska (Org.). *Terra femina*. Rio de Janeiro: Idac/Redeh, 1992.

MIES, Maria; SHIVA, Vandana. *Ecofeminismo*: teoria, crítica y perspectivas. Barcelona: Icaria Editorial, 1997.

_____. *La praxis del ecofeminismo*. Biotecnologia, consumo y reproducción. Barcelona: Icaria Editorial, 1998.

_____. *Vandana*. Ecofeminismo: teoria, crítica y perspectivas. Barcelona: Icaria Editorial, 1997.

MORIN, Edgard. *Introdução ao pensamento complexo*. Lisboa: Instituto Piaget, 1990.

ORR, David. Escolas para o século XXI. *Revista da TAPS*, Associação Brasileira de Tecnologias Alternativas e Promoção da Saúde, São Paulo, TAPS, n. 16, 1995.

PAULINO, Marina. Pedagogia do Silêncio. In: REIS, M.; XAVIER, Maria do Carmo; SANTOS, Lorene. (Org.). *Crianças e infâncias*: educação, conhecimento, cultura e sociedade. São Paulo: Annablume, 2012.

PLASTINO, Carlos Alberto. *O primado da afetividade*: a crítica freudiana ao paradigma moderno. Rio de Janeiro: Relume Dumará, 2001.

_____. *Subjetividade e educação*, 1994. (Mimeo.)

PRESTES, Z. R. *Quando quase não é a mesma coisa*: análise de traduções de Lev Semionovitch Vigotski no Brasil. Repercussões no campo educacional. Tese (Doutorado em Educação) — Universidade de Brasília, Brasília, 2010.

PROFICE, Christiana. *Percepção ambiental infantil em ambientes naturais protegidos*. Tese (Doutorado) — Programa de Psicologia Social da UFRN, Natal, 2010.

REIGOTA, Marcos. *O que é educação ambiental*. São Paulo: Brasiliense, 2004.

SOUSA SANTOS, Boaventura. *A crítica da razão indolente*: contra o desperdício da experiência. São Paulo: Cortez, 2001.

TIRIBA, Léa. Reinventando relações entre seres humanos e natureza nos espaços de educação infantil. In: MELLO, Soraia; TRAJBER, Rachel. *Vamos cuidar do Brasil*: conceitos e práticas em educação ambiental na escola. Brasília: MEC/MMA/Unesco, 2007.

_____. *Crianças, natureza e educação infantil*. Tese (Doutorado) — Departamento de Educação, Pontifícia Universidade Católica, Rio de Janeiro, 2005.

_____. Diálogos entre pedagogia e arquitetura. *Presença Pedagógica*, Belo Horizonte, Dimensão, v. 14, n. 83, set./out. 2008.

_____. Crianças da natureza. MEC/SEB. *Currículo em movimento*. Brasília, 2010a. Disponível em: ‹http://portal.mec.gov.br/index.php?option=com_content&view=article&id=16110:i-seminario-nacional-do-curriculo-em--movimento-&catid=195:seb-educacao-basica›. Acesso em: 3 set. 2014.

_____. As mulheres, as emoções e o cuidar: o feminino na formação de professores e professoras. In: FRADE, Isabel C. *Convergências e tensões no campo da formação e do trabalho docente*. Belo Horizonte: Autêntica, 2010b.

_____. *Relações entre seres humanos e natureza em espaços de educação infantil do Estado do Rio de Janeiro*: estudo exploratório. Relatório de Pesquisa, Universidade Federal do Estado do Rio de Janeiro/UniRio, Rio de Janeiro, 2013.

# NATUREZA E ESCOLA: PERCEPÇÕES INFANTIS E CURRÍCULO:
notas sobre a Educação Ambiental na perspectiva da Educação em Direitos Humanos

### Mariana Rosa

## INTRODUÇÃO

Este artigo tem o objetivo de refletir sobre as percepções das crianças em relação à natureza, em seus espaços de vida e no interior de uma escola rural do estado do Rio de Janeiro. Tendo como base macropolítica as questões ambientais e a necessidade de fortalecimento de um paradigma ecológico, num mundo que discute outros caminhos para a relação humanidade/natureza, trabalhei articulando, principalmente, três eixos teóricos: o conceito de três ecologias de Félix Guattari (1995); a sociologia das ausências e das emergências de Boaventura de Sousa Santos (2007); e a defesa do direito à vida na perspectiva da educação em direitos humanos.

**Em territórios em que as brincadeiras infantis revelam um convívio intenso com a natureza, como se dá esta relação**

## no cotidiano da escola? Como as escolas do campo compreendem as especificidades de ser criança no campo?

Foram perguntas como essas que me desafiaram a este estudo[1] e despertaram a curiosidade de experimentar a vida na roça, praticando uma educação que abranja sua dimensão ambiental. Digo isto porque a Educação Ambiental é "componente essencial e permanente da educação nacional, devendo estar presente, de forma articulada, em todos os níveis e modalidades do processo educativo" (BRASIL, Lei n. 9.795/99, art. 2º), contribuindo para a garantia do "direito ao meio ambiente ecologicamente equilibrado" (BRASIL, CF/88, art. 225) e assegurando a "compreensão do ambiente natural e social e a preparação para o exercício da cidadania" (BRASIL, Lei n. 9.394/96/LDB, arts. 2º e 32).

As Diretrizes Curriculares Nacionais para a Educação Básica (BRASIL, MEC/CNE — Res. n. 4/2010) reconhecem a relevância e a obrigatoriedade da Educação Ambiental, e os direitos ambientais vêm sendo afirmados no conjunto dos direitos humanos já reconhecidos, orientando que a educação para a cidadania compreende o cuidado com o meio ambiente. No entanto, apesar da maior inserção dessa temática nas escolas, através da Educação Ambiental e de sua importância anunciada pelas(os) professoras(es), sua incorporação às práticas pedagógicas ainda é frágil, apontando o caráter monocultural da escola e a necessidade de repensar a importância da natureza para o desenvolvimento integral das crianças.

Inicialmente, apresento, neste artigo, algumas observações de experiências que tive com as crianças do campo no contexto de minha pesquisa de mestrado, onde as crianças se definem a partir de suas brincadeiras, enquanto a escola as prepara para o mundo do trabalho, e faço relações entre esses universos. Em

---

1. Estudo a partir da pesquisa desenvolvida durante o mestrado em Educação Brasileira na PUC-Rio (2012), sob a orientação das professoras Vera Candau (PUC-Rio) e Léa Tiriba (UniRio), com apoio do CNPq.

seguida, abordo as questões sócio-históricas que apontam para o fortalecimento do paradigma cartesiano na educação. Por fim, observo como a perspectiva antropocêntrica ainda é hegemônica no contexto escolar, e proponho uma articulação entre a Educação em Direitos Humanos e a Educação Ambiental como caminho para superá-la.

## 1. BRINCAR — UM MODO DE SER CRIANÇA NO CAMPO

Desde que passei a viver em uma comunidade rural, pude perceber a rotina de vida bastante marcada pelas estações do ano e pelos ciclos da natureza. Se está frio, todos ficam dentro de casa. Se chove, o trabalho se acumula. O tempo ensolarado é festejado pelas crianças como possibilidade de estar ao ar livre. Quando eu queria encontrar as crianças, bastava sair de casa. É na natureza que elas se encontram.

> Você sabia que quando os passarinhos tão voando assim em círculos é que vai chover? (Letícia).
>
> Esse poço é o melhor pra catar peixinho. A gente desce pela ponte ou por debaixo do arame farpado. Aqui é bom porque tem a laje pra pegar sol e o fundo vai afundando devagar (Jéssica).

Frases como essas são muito comuns, pois as crianças aprenderam a reconhecer os ciclos da natureza não só em relação às épocas propícias ao plantio ou colheita, mas porque esses ciclos influenciam diretamente suas vidas. No verão, por exemplo, elas brincam até mais tarde, se encontram nas pedras, vão ao rio se banhar. Cada alimento está vinculado a uma época e a alimentação é variada através do ano.

Além das brincadeiras entre elas, as crianças se relacionam o tempo todo com outras espécies. Suas casas têm galinheiros, currais, animais de estimação. Elas sabem onde estão os casulos de borboleta, os ninhos dos passarinhos e, nesta relação com os bichos, novamente se reforça a ideia dos ciclos da natureza e das crianças integradas a esses ciclos. Esse cenário aponta para uma importante reconexão — somos simultaneamente seres da cultura e da natureza, fato muitas vezes esquecido no contexto da educação das crianças.

Edward O. Wilson (1989) descreve a biofilia como um movimento de aproximação dos seres vivos em direção a outros seres vivos, uma espécie de interesse da vida em se manter em conexão. No mesmo sentido, o biólogo chileno Humberto Maturana (MATURANA e VARELA, 1995) associa a ideia de ser vivo à qualidade de relações que um organismo é capaz de estabelecer. Isso quer dizer que quanto mais e melhor um indivíduo de uma espécie se relaciona com outros indivíduos de sua mesma espécie e de outras espécies (acoplamento estrutural), mais apoiada e sustentada está a sua própria potência de vida. Em sentido oposto, quanto mais isolado se encontra um indivíduo humano, ou um organismo de qualquer espécie, menos estável é o seu sistema de suporte à vida. Isto explicaria o interesse das crianças pelos bichos, pelo lado de fora das salas de aula, pelas brincadeiras, a alegria dos passeios ao ar livre, o relaxamento pelo contato com os elementos da natureza?

Senti, por exemplo, que minha gravidez aumentou o interesse das crianças por mim. Elas ofereciam ajuda, perguntavam se eu e a bebê estávamos bem. Contavam-me de outros bebês, mas, sobretudo, filhotes de outras espécies. Um filhote de cabra que nasceu na madrugada ou o bezerrinho mamando tanto que fez a vaca dar bastante leite. O começo de uma vida parecia atiçar a lembrança de tantas outras vidas. Relaciono isto com Jacques Gélis (1991) e sua análise de como o imaginário cíclico está presente na vida rural.

De fato, estar em contato com uma maior diversidade de espécies nos coloca o tempo todo em contato com o nascimento e a morte, o mistério de nossa própria vida, em relação com outros seres. Um elo central com a natureza e seus ciclos que foi sendo substituído pela imagem do relógio e atribuindo valor monetário ao tempo, ao trabalho e à produção. Uma ênfase em sistemas lineares que foi afastando o imaginário cíclico da natureza. Tudo isso foi sedimentando um novo tipo de ser humano, indivíduo único, separado do corpo coletivo e valorizando um jeito de ser urbano, voltado para o trabalho, em pequenos núcleos familiares, que já não produz alimentos para sua subsistência e faz crescer a necessidade de consumo. Um jeito de ser que se expandiu na sociedade ocidental calando outras maneiras de ser e estar no mundo (SANTOS, 2007).

> 10 crianças, uma prancha e nenhuma briga. Hoje, vim ao rio encontrar as crianças. Vim com Naoli. Nunca encontrei um adulto aqui. As crianças vão chegando em bandos e, cada vez que chegam, os que já estão fazem algazarra, jogam água. Percebi que eles têm medo de ir à parte funda do poço. A maioria não sabe nadar e, como trouxemos uma pranchinha de isopor, a aventura de ir ao fundo tomou conta da brincadeira. Sinto medo de alguém se afogar. São 10 crianças e eu as conto sem parar aqui de cima da pedra. Os maiores cuidam dos menores e não deixam que esses participem da brincadeira da prancha. Os menores também cuidam dos mais velhos, lembrando-os de não soltar a prancha e bater os pés. Eles contaram que a nova proprietária do sítio ao lado à cachoeira em que estamos proibiu a entrada deles e que estão ali escondidos. Patrícia (13) diz que aprendeu na escola que a água é "direito de todos" e que ela não pode proibir; Letícia (14) torce para que a vizinha apareça para que eu diga a ela que isto "é verdade, uma lei" (Caderno de Campo).

Nesse sentido, dar foco a este momento de brincar livremente com outras crianças, em relação com outros seres e elementos da natureza, com este sentimento de direito assegurado, é documentar um jeito de ser criança que é vivido nas roças, nos quilombos, nas aldeias e em muitas pequenas comu-

*Direito ao ambiente como direito à vida*

nidades da zona rural, um estilo de vida que se contrapõe às infâncias dos grandes centros urbanos, dos desenhos animados e dos filmes infantis, mas que permanece existindo em sua invisibilidade.

Tendo presente a ideia de uma sociedade de consumo que cresceu e se fortaleceu sobre os pilares do patriarcado, da urbanização, da industrialização e do capitalismo, a partir de um modelo hegemônico de desenvolvimento e globalização, afastar--se de um desses pilares nos aproxima das margens desse processo, de uma quantidade de experiências outras que foram ativamente caladas como "ausências" (SANTOS, 2007) no processo de expansão daquele modelo hegemônico.

Humberto Maturana define como brincadeira "qualquer atividade humana que seja desfrutada em sua realização — na qual a atenção de quem a vive não vai além dela" (MATURANA e VERDEN-ZÖLLER, 2004, p. 232). Ele entende a brincadeira como um modo de viver e de se relacionar, e associa este brincar com o espaço/tempo de liberdade no qual os seres humanos se desenvolvem tendo como base o respeito ao outro, a cooperação, a diversidade e o amor. Essa concepção encontra apoio no Estatuto da Criança e do Adolescente quando este descreve o "desenvolvimento físico, mental, moral, espiritual e social" de forma integrada e com inteireza, "em condições de liberdade e de dignidade" (art. 3º), contemplando, assim, o direito à brincadeira e a divertir-se (BRASIL, Lei n. 8.069/90 — ECA, art. 16).

No mesmo sentido, Vigotski fala da brincadeira como uma prática libertadora porque articula pensamento, sentimento e desejo; memória, elaboração e criatividade, rompendo com a estrutura dicotômica que prevalece no mundo adulto.

> A brincadeira é a escola da vida para a criança; educa-a espiritual e fisicamente. Seu significado é enorme para a formação do caráter e da visão de mundo (VIGOTSKI, 2009, p. 99).

Nesse aspecto, a brincadeira das crianças no rio foi alegre, cuidadosa, sem brigas porque estava bom estar ali. Era a vida fluindo na legitimação dos outros como legítimos outros. Maturana (1995) fala desta capacidade da vida de se autocriar (*autopoiese*), uma capacidade de estar em relação, perceber o mundo, as necessidades de cada um, dos outros, do espaço e se reorganizar em relação a essas necessidades. Mesmo a expectativa das crianças em relação à repreensão da vizinha ou sobre estarem ali escondidos fazia parte da brincadeira, possibilitando que testassem seus conhecimentos, seus anseios e inseguranças.

Também em relação ao que se aprende, Humberto Maturana (MORAES, 2003) relaciona o ato de conhecer à vida, enfocando que um conhecimento útil para vida é algo que se aprende porque é necessário ou interessante que se aprenda. Nesse caso, era vital para as crianças o acesso à cachoeira. Assim, o estudo sobre os direitos relacionados à água que havia sido proposto pela escola fazia tanto sentido que as meninas sentiam-se potentes de se afirmarem portadoras desses direitos, caso a vizinha as impedisse de chegar até o rio. Houve a compreensão integral de que esse elemento é um bem comum da natureza e da humanidade, e, com isso, se cumpriu o objetivo central da Educação em Direitos Humanos, "a formação para a vida e para a convivência, no exercício cotidiano dos Direitos Humanos" (BRASIL, MEC/CNE, Res. n. 1/2012).

## 2. BRINCADEIRA E TRABALHO

Nas comunidades rurais, as crianças também estão inseridas no cotidiano de produção da própria vida e de seu sustento. Mas quando perguntadas diretamente sobre a especificidade de ser criança, é a partir da brincadeira que elas costumam demarcar sua identidade, em oposição aos adultos que trabalham.

> Criança tem a liberdade de brincar (Rayane).
>
> Quando é grande tem que trabalhar, trabalhar, trabalhar, para ganhar dinheiro, sustentar a família (Rayla).
>
> Minha mãe falou que é para a gente aproveitar a vida de criança para, quando a gente crescer, não ficar falando que queria ser criança (Luana). E vocês são crianças? "Somos".

Os(as) filhos(as) pequenos(as) devem brincar ao redor de seus(suas) pais(mães), "sem perturbar muito", enquanto esses têm seus próprios trabalhos como prioridade. As crianças maiores (7 a 12 anos) participam dos afazeres domésticos, ajudando na limpeza da casa e do terreno, assim como no cuidado dos(as) irmãos(ãs) mais novos(as), inclusive deixando de ir à escola para cuidar desses(as) irmãos(as), quando seus/suas pais(mães) têm compromissos que não os incluem (visto que a escola da região só atende crianças a partir dos cinco anos). Apesar da educação infantil ser concebida como a primeira etapa da educação básica (BRASIL, Lei n. 9.394/96/LDB, art. 29), ela é afirmada "complementando a ação da família e da comunidade".

Nesse sentido, essa afirmação nos desafia a ampliarmos as relações da escola com a sociedade, reconhecendo a formação dos valores, dos hábitos, das referências por estar neste ambiente familiar e comunitário, em convívio com outras crianças, num meio ambiente saudável.

> Eu gosto de lavar louça e varrer a casa, gosto de ajudar a mãe e deixar tudo arrumadinho (Maria Eduarda).
>
> Eu também, me deixa feliz ter paz em casa (Jéssica).

A relação de trabalho e cuidado das crianças com os espaços onde vivem e frequentam é clara. Elas dão sua contribuição ao bom andamento da vida,[2] se fazendo necessárias à comunidade. Percebo nas crianças a reconexão do que estão separados no modelo de vida hegemônico, o trabalho e a brincadeira.

Freinet (2001), a partir de sua própria experiência como menino do campo e, posteriormente, professor de crianças, faz uma crítica a esta concepção burguesa de trabalho que desautoriza as crianças a participarem da "produção" de sua sobrevivência quando isto é necessário. Ele incorpora esta atuação das crianças em sua proposta de "escola do trabalho", dando ênfase a uma ideia de cidadania, na qual, a partir deste "trabalho", as crianças dão significado e transformam a própria vida.

No entanto, é importante notar que, se as crianças contribuem com seu trabalho na manutenção dos espaços, é através da brincadeira que esse trabalho é exercido como algo corriqueiro que faz parte de suas próprias vidas. A vassoura que varria a casa era também o microfone para música cantada enquanto a tarefa se desenvolvia; a lata do lixo, uma cesta ambulante.

Nesse sentido, o trabalho é outra maneira de as crianças se relacionarem com a natureza, uma vez que é através dessa ação no mundo que elas contribuem para a garantia de suas vidas. Leonardo Boff (1999) fala do elo que une o ser humano à terra pelo trabalho, que foi rompido pela sociedade urbana industrial. Segundo o autor, até o momento histórico em que esta maneira de viver se impôs de forma hegemônica, com suas rotinas árduas, associando o fazer humano ao objetivo maior de recebimento de um salário, o trabalho era visto como ação no mundo, em relação com a natureza. Boff associa a ascensão de um *modo-de-ser-trabalho* à intensificação do antropocentrismo na sociedade moderna.

---

2. Ver dissertação de mestrado de Maria Isabel Leite (puc-Rio) sobre brincadeira, escola e trabalho com as crianças de São José do Vale do Rio Preto (leite, 1995).

*Direito ao ambiente como direito à vida*

> O antropocentrismo instaura uma atitude centrada no ser humano e as coisas têm sentido somente na medida em que a ele se ordenam e satisfazem seus desejos. Nega a relativa autonomia que elas possuem. Mais ainda, olvida a conexão que o próprio ser humano guarda, quer queira quer não, com a natureza e com todas as realidades por ser parte do todo (BOFF, 1999, p. 95).

Pensando na transformação do "modo-de-ser-trabalho", que intervém, conquista, conhece e domina, predominante nas sociedades contemporâneas, o autor propõe a reconstrução de um "modo-de-ser-cuidado", substituindo a ideia de domínio pela de convivência.

Muitas vezes, a partir de um olhar adultocêntrico, urbano, produtivista, pensei essas duas categorias — trabalho e brincadeira — uma separada da outra. Ou bem eu trabalhava, produzindo conhecimento, textos, dinheiro. Ou bem me divertia, ouvindo música, tomando banho de rio, brincando com as filhas. Modo de pensar que eu trazia da vida urbana e que encontrava apoio na fala e modo de ser dos adultos da região. Mas quanto mais me aproximava das crianças, melhor as percebia como duas categorias complementares, inclusive na minha própria pesquisa.

## 3. E GENTE É NATUREZA?

No convívio com as crianças, percebi que brincavam com seus sobrenomes, implicando com uma menina que tinha *Homem* como sobrenome. Propus uma brincadeira na qual todos nós passaríamos por um rebatismo, escolhendo um elemento da natureza como novo sobrenome, algo que nos representasse. Surgiram muitos bichos, alguns eventos naturais, flores e árvores. Como em todas as outras vezes que desenvolvi essa brincadeira (formação de professores, outras escolas, outros adultos, outras crianças), o ser humano esteve de fora do leque de escolhas do sobrenome da natureza, indicando a relação de não pertencimento à natureza que, no contexto hegemônico, vivenciamos.

> E o que faz parte da natureza?
>
> Animais (João).
>
> Árvores, rio, bichos (Jéssica).
>
> Vegetação (Valmi).
>
> Plantas, frutas (Lucas).
>
> O rio (João).
>
> O sol (Danieli).
>
> E o que não é natureza é o quê?
>
> Poluição (Valmi).
>
> E gente é natureza? (Todos dizem não.)

Se a relação observada das crianças com a natureza naquela comunidade se apresenta, cotidianamente, como algo integrado — tranquilo, corriqueiro, através das brincadeiras, dos encontros, dos pés na terra, da diversidade de cores, de sabores, das crianças de diferentes idades brincando juntas —, quando peço a elas que formalizem essa relação, que falem sobre, quando pergunto a elas o que é natureza, surge claramente uma tensão e elas dizem do não pertencimento dos seres humanos à natureza.

Essa visão da natureza a serviço das pessoas se encaixa na categoria antropocêntrica proposta por Reigota (1995). O autor observa a diversidade de representações que as diferentes culturas e indivíduos fazem de natureza e do meio ambiente, criando três categorias de análise: naturalista, muito associada às ideias preservacionistas das décadas de 1950/60, em que os conceitos de natureza e meio ambiente excluem a presença e ação humana; antropocêntrica, colocando a natureza a serviço de interesses e necessidades humanas; e globalizante, formalizando uma tentativa de integração entre ser humano e natureza, envolvendo, na noção de natureza, tanto os aspectos biológicos de formação da vida quanto os aspectos culturais das ações antrópicas.

> E gente é o quê?
> Gente é um ser vivo (João).
> E ser vivo é natureza?
> Claro que é, árvore é viva. Ela pode capturar muitas coisas dentro da terra (Gabriel).
> Então, árvore é natureza?
> É (Gabriel).
> E agora?
> A gente é animal racional (João).
> Eu não sou animal não (Pedro).
> Então, gente é natureza? (Lucas).
> Caramba (Gabriel).
> Mas vocês falaram que não era.
> Mudei de ideia (Gabriel).
> Adulto é que não muda de ideia (Carol). (Todos riem.)

Será que as crianças perceberam meu interesse pelo assunto e imaginaram que estas eram as "respostas" que eu esperava receber? Vivemos em uma cultura que produz, entre tantas dicotomias, a supervalorização da racionalidade em detrimento das emoções, afirmando que é a partir de nossa racionalidade que operamos e nos comunicamos no mundo (TIRIBA, 2005).

> Ao nos declararmos seres racionais, vivemos uma cultura que desvaloriza as emoções, e não vemos o entrelaçamento cotidiano entre razão e emoção, que constitui nosso viver humano, e não nos damos conta de que todo sistema racional tem um fundamento emocional (MATURANA, 2009, p. 15).

É preciso rever esta ideia de seres humanos separados da natureza, pois ela não corresponde à realidade de que somos uma espécie biológica, uma forma de vida, e fazemos parte da natureza. Quando uma criança faz uma representação de si como alguém hierarquicamente superior que existe para desfrutar do mundo, da natureza, que ora é fonte de recursos, ora é algo idealizado e puro que não incorpora o humano, ela aponta para o que foi quebrado, para um nó de nossa civilização.

Seria esta ideia de que somos outra coisa diferente da natureza, ideia que silencia a unidade e reforça a dicotomia, a base da destruição que os seres humanos vêm causando no planeta? E isto poderia ser restaurado?

Esta noção de que a origem da crise civilizatória está no divórcio entre seres humanos e natureza vem sendo afirmada por importantes documentos, como a Carta da Terra (ECO-92), assim como pelos teóricos da complexidade. Mais recentemente, a Declaração Universal da Mãe Terra apontou que "para garantir os direitos humanos é necessário também reconhecer e defender os direitos da Mãe Terra e de todos os seres que a compõe, e que existem culturas, práticas e leis que o fazem" (ONU, 2012).

Boaventura de Sousa Santos (2005) também relaciona esse não pertencimento à ideia de dominação, transformando a natureza, assim como outros seres humanos, em recursos.

> A natureza é, por excelência, o lugar da exterioridade. Mas, como o que é exterior não pertence e o que não pertence não é reconhecido como igual, o lugar da exterioridade é também o lugar da inferioridade. [...] A natureza, transformada em recurso, não tem outra lógica senão a de ser explorada até a exaustão. Separada a natureza do ser humano e da sociedade, não é possível pensar em retroações mútuas. Esta ocultação não permite formular equilíbrios nem limites, e é por isso que a ecologia não se afirma senão por via da crise ecológica (SANTOS, 2005, p. 29).

*Direito ao ambiente como direito à vida*

## 4. ESCOLA E NATUREZA

No município de Teresópolis, um terço das unidades escolares municipais está localizado na zona rural.[3] Durante pesquisa de campo em uma escola rural desse município, observei que o prédio construído não ocupava mais do que 20% da área da escola. Apesar disso, o espaço externo não era ocupado ou utilizado pela comunidade escolar. No chão de terra não havia canteiros, flores, animais, árvores, assim como, nessa parte externa, raramente se viam crianças.

Durante um recreio, estava desenhando a planta baixa da escola e alguns meninos se aproximaram. Perguntei se queriam desenhar também. Como eu tinha poucas folhas, os desenhos foram feitos em duplas. Três das quatro duplas fizeram os desenhos da construção vista de fora, de onde estávamos, e a escola representada em quase todos os desenhos foi a parte construída, indicando a ideia de invisibilidade da parte externa no contexto escolar.

O primeiro desenho me chama atenção pelas janelas altas, fato muito comum em escolas de todo o país (TIRIBA, 2005, p. 117):

> A situação de aprisionamento fica evidente quando verificamos que, em grande parte dos Centros de Educação Infantil, as janelas das salas não estão acessíveis às crianças. [...] Estas informações demonstram a atualidade dos escritos de Freinet relativos às edificações escolares da primeira metade do século XX. Ele dizia que, na França, as janelas eram propositalmente colocadas no alto das paredes, para que as crianças permanecessem concentradas na aula, não se distraíssem com o que está lá fora.

Esta ideia de as janelas das salas terem como única função a troca do ar, impedindo a relação das crianças com o lado de fora,

---

3. Dado fornecido pela Secretaria Municipal de Teresópolis, em entrevista com a secretária de Educação em setembro de 2011.

**Figura 1.** Desenho da escola — notem as janelas altas, somente para ventilação.

**Figura 2.** Desenho da escola — notem a árvore colorida e as crianças dentro da casa.

*Direito ao ambiente como direito à vida*

também aparece na fala dos(as) professores(as). Na única sala em que as janelas são grandes e baixas e convidam o verde da horta a entrar, a professora achou melhor colocar uma cortina escura e pesada. Quando perguntei sobre a cortina, a janela e o lado de fora, ela explicou que a sala era apertada, a turma grande, que precisava criar mais um espaço e a circulação para acessar a janela estava criando tumulto.

> Seria preciso um espaço que eles pudessem sentar, que o externo não chamasse atenção, porque, senão, você vai acabar falando sozinha (Beatriz, professora).
>
> Infelizmente, pais e sociedade — padrinhos naturais da nossa escola pública — raciocinam com demasiada frequência como o capitalista interessado. O que conta, de fato, não é a formação, o enriquecimento profundo da personalidade de seus filhos, mas a instrução suficiente para enfrentar os exames e ocupar cargos cobiçados (FREINET, 2001, p. 8).

Também me chamou atenção o fato de a única dupla que representou a árvore e o grande quintal ser a mesma que escolheu colorir seu desenho, apesar de eu ter oferecido meu estojo cheio de cores diferentes igualmente a todas as crianças. Esse desenho me fez retomar a ideia da biofilia (WILSON, 1989), esse laço humano com tudo que é vivo e que levava as crianças até os ninhos e à cachoeira. Para representar a natureza, as crianças escolheram a diversidade de elementos (as nuvens, o sol, a árvore, as borboletas) e de cores, apontando para a separação da natureza viva e colorida do lado de fora e das crianças sem cor dentro da sala.

Na rotina escolar observada, quando as crianças chegam, apesar do espaço amplo que já descrevi, se direcionam às filas de suas respectivas turmas e esperam ali o professor para entrarem juntos em suas salas de aula. Na verdade, toda a movimentação coletiva de uma turma pela escola ocorre nesta organização do grupo no espaço — a fila.

A hora do recreio é o único momento em que se veem crianças do lado de fora. Todas as turmas se dividem em dois blocos de 20 minutos cada, sendo esse tempo destinado à merenda e ao "brincar livre". Na prática, as crianças comem em cinco minutos e correm para o lado de fora, até que uma sineta avisa que é hora de formar a fila para voltar à sala.

Conversando com as crianças sobre a escola, do que gostam ou não, proponho, então, que elas digam como seria uma escola melhor, e a maior liberdade aparece como necessidade mais urgente.

> A gente não pode sair (Igor).
>
> Vocês saem muito ou pouco?
>
> Sair da sala é toda hora, vou beber água, fazer xixi, hahaha (Talles).
>
> Só na 4ª feira (Lucas Lisboa).
>
> Nos outros dias vocês fazem o quê?
>
> Dever (João).
>
> Dever, dever, dever (Valmi).
>
> E mais dever (Lucas Lisboa).

A partir daí, podemos observar que o espaço externo e a relação das crianças com a natureza estavam sendo ativamente produzidos como ausência para elas. Ausência ativamente produzida pelas cortinas, pelas janelas altas, pelo tempo escasso que se passa lá fora, pelas filas. Quando digo uma ausência, refiro-me à Sociologia das Ausências (SANTOS, 2007, p. 28-9):

> A Sociologia das Ausências é um procedimento transgressivo, uma sociologia insurgente para tentar mostrar que o que não existe é produzido ativamente como não existente, como uma alternativa não crível, como uma alternativa descartável, invisível à realidade hegemônica do mundo. E é isto que produz a contradição do presente, o que diminui a riqueza do presente.

*Direito ao ambiente como direito à vida*

Boaventura de Sousa Santos diz que esse movimento de tornar algo uma ausência vem sendo produzido num movimento de expansão por uma razão "indolente", que contrai o presente mostrando como única alternativa o que é hegemônico. No caso das escolas, o conteúdo curricular, mas que poderia se relacionar de outra maneira com o interesse das crianças pelo lado de fora da escola, pelo que está na vida, a exemplo de quando as meninas estudaram os direitos relacionados à água e se sentiram potencializadas em afirmar esse direito e garantir o passeio com as outras crianças.

## 5. LÁÁÁÁÁ FORA

Estava interessada em verificar a forma como a escola não ocupava seu espaço externo — um ali fora que se tornou tão distante — e também preocupada com a denúncia do menino sobre sair de sala apenas uma vez por semana, fato que contraria as Diretrizes Curriculares Nacionais para a Educação Básica e nega o direito à brincadeira que, como vimos, é constituinte do universo infantil. Por isso, me dediquei a entender esta ausência de relação da escola com a natureza do ponto de vista de seus(suas) educadores(as) e fui a eles(as) perguntar sobre a rotina escolar, sobre as saídas e sobre a importância de estar fora de sala de aula para o desenvolvimento das crianças.

A gente tem um quadro de recreação, de utilização do parquinho, mas os professores que não gostam, não utilizam esse espaço fora do prédio. Não sei se é porque é muito grande, porque dispersa. Eles utilizam a biblioteca, sala de televisão, mas o espaço láááá fora mesmo é pouco utilizado [ela fala um lá longo, sugerindo a distância simbólica] (Tânia — diretora).

A turma sai uma vez por semana. Às vezes, eu até tiro para a gente estudar um pouco mais. A parte externa para minha turma, que você conhece, se eu colocar eles lá fora, dificilmente eles vão se concentrar (Beatriz — professora).

Eu só utilizo mesmo para recreação. Não sou muito de fazer atividade lá fora, contar história. No início do ano, a gente costuma ir quase todo dia, agora, uma ou duas vezes por semana, porque já é 2º ano (crianças de 7/8 anos). Você tem que dar conta de um conteúdo enorme, então, não dá para sair todo dia (Maria — professora).

Essas falas apontam para a fragilidade da formação dos(as) educadores(as) sobre a importância de as crianças se relacionarem com a natureza na escola e para o desconhecimento de diretrizes e parâmetros curriculares que asseguram a importância desta relação para o pleno desenvolvimento das crianças.

Dessa maneira, as crianças ficam à mercê do gosto do(a) professor(a) e de sua visão pessoal sobre a importância ou não de se relacionar com a natureza, mas não há dúvida quanto ao consenso de que "dar a matéria" é a função mais importante da escola. Mesmo quando há uma crítica sobre a dificuldade, do ponto de vista das crianças, de ficarem todos os dias por quatro horas dentro de sala, sentadas, a justificativa de sair é extravasar para voltar ao que importa — o conteúdo.

Às vezes, os professores reclamam do comportamento agitado das crianças. Só que eles tão saindo pouco. Eu, enquanto adulto, não consigo ficar quatro horas sentada. Imagina uma criança. Eles precisam extravasar. E aí, o professor acaba atrasando aqueles conteúdos que ele precisa dar porque não consegue a concentração que precisa. E, se estivesse saindo mais vezes, a criançada já voltava mais relaxada, mais tranquila pra conseguir entrar no conteúdo mais fácil (Daniela — coordenadora).

Essa ideia é reforçada quando pergunto às crianças sobre a rotina escolar e elas novamente dizem o que eu já vinha observando nas salas de aula sobre as atividades voltadas quase exclusivamente aos conteúdos curriculares estabelecidos.

Me conta como é um dia na escola... A gente toma café, entra na sala, faz o cabeçalho, dever, continha no livro, recreio, mais dever e dever de casa (Nayara). Estuda o alfabeto e estuda para a Prova Brasil (Letícia).

Penso que é justamente como forma de controle que a ausência de natureza se produz. Uma ausência não somente pela falta de um meio ambiente ecologicamente equilibrado, direito de todo(a) cidadão(ã) brasileiro(a) de acordo com o art. 225 da Constituição Federal.[4] Ausência também por inibir as relações humanas através do excesso de filas, da separação das crianças por idade, por sexo, da submissão ao silêncio e pela desvalorização da brincadeira. Por fim, uma ausência produzida pelo desrespeito às necessidades fisiológicas das crianças, mantendo-as sentadas, presas em sala, sem liberdade de ir ao banheiro, beber água, descansar ou comer quando sentem que isto é necessário, afetando diretamente a qualidade das relações na escola no que diz respeito às três ecologias (GUATTARI, 1995), isto é, comprometendo o cuidado de si, de nós e da natureza.

## 6. BREVE HISTÓRIA DA INSTITUCIONALIZAÇÃO DAS ESCOLAS E SEUS DESDOBRAMENTOS ATUAIS

A história da escola para todos(as) está atrelada à história da burguesia. Foi inventada no contexto das revoluções burguesa e industrial para que, por um lado, os adultos pudessem trabalhar tendo um lugar onde deixar as crianças e, por outro, as crianças e jovens pudessem se capacitar para o futuro de trabalho.

---

4. "Todos têm direito ao meio ambiente ecologicamente equilibrado, bem de uso comum do povo e essencial à sadia qualidade de vida, impondo-se ao poder público e à coletividade o dever de defendê-lo e preservá-lo para as presentes e futuras gerações" (BRASIL, Constituição Federal/88, art. 225).

Porque tem que cumprir currículo, objetivos, chegar ao final do bimestre com aquela coisa toda dada, a gente tem essa cobrança. Agora, não tem muito giz, mas o *pillot* tá cantando, atividade no quadro, pillot cantando (Tânia — diretora).

Essa ideia do(a) professor(a) que fala na frente da sala transmitindo o que sabe às crianças que aprendem em silêncio ainda é muito presente nas escolas entre os(as) professores(as) de modo geral. A maioria das salas está organizada para receber muitas crianças sentadas na direção do quadro. Outras arrumações são exceção, como nos momentos em que as crianças são convidadas a trabalhar em grupos.

Foucault (1997) relaciona a ideia de controle do tempo e dos espaços às sociedades modernas. As revoluções burguesas transformaram as sociedades tradicionalmente penais em sociedades disciplinares, surgindo, com elas, a polícia e seus mecanismos que visavam ao controle dessa nova sociedade.

Denominada por Foucault como instituição de sequestro, a escola, junto com outras instituições, como os presídios, os hospícios e os quartéis passam a controlar não apenas o tempo dos indivíduos, mas também seus corpos, extraindo deles o máximo de tempo e de forças. De forma discreta, mas permanente, as formas de organização espacial e os regimes disciplinares conjugam controle de movimentos e de horários, rituais de higiene, regularização da alimentação etc. A escola assume a tarefa de higienizar o corpo, isto é, formá-lo, corrigi-lo, qualificá-lo, fazendo dele um ente capaz de trabalhar (FOUCAULT, apud TIRIBA, 2005, p. 182).

Esse modelo de escola, nascido e inventado para o contexto europeu do século XIX, foi exportado para as colônias e se globalizou nas sociedades modernas como modelo hegemônico, calando outras maneiras de educar e suas diferentes visões de mundo.[5]

---

5. Ver documentário *Escolarizando o mundo* (2013). Disponível em: <www.youtube.com/watch?v=6t_HN95-Urs>.

*Direito ao ambiente como direito à vida*                    161

As escolas de hoje não podem ser precisamente associadas ao modelo do pan-óptico das escolas estudadas por Foucault, pois não utilizam os mesmos mecanismos de controle, mas poderíamos dizer que, a seu modo, produzem os mesmos efeitos apontados pelo autor, no sentido de que também controlam, despotencializam e punem.

Assim como essas práticas desorganizam a ecologia pessoal das crianças, no sentido de que supervalorizam uma produção intelectual desvinculada da realidade vivida no corpo inteiro, em que as crianças são obrigadas a uma única posição corporal, por exemplo, simultaneamente, vão contra a ecologia social entre as crianças, que não podem conversar entre si e são submetidas a uma tensão permanente.

> Eu quero ver quem vai fazer esse desenho no capricho, qual vai ser o desenho mais bonito (Maria — professora).
>
> Quem terminar primeiro vai ganhar um prêmio (Antônio — professor).
>
> Quem não ficar quietinho, vai atrapalhar a tia. Eu preciso terminar de corrigir os trabalhos. Quem atrapalhar, eu vou chamar o pai para conversar (Beatriz — professora).

Mesmo quando percebo uma tentativa por parte dos(as) professores(as) de ir além da concepção hegemônica de educação — seja pela forma, como a tarefa de matemática que ganha jeito de brincadeira, seja pelo conteúdo, como a proposta do dever de casa de pesquisar os meios de transporte de hoje e do tempo dos avós e bisavós das crianças para compará-los quanto à sustentabilidade desses transportes — são situações tão isoladas que passam despercebidas como possibilidades de superação do modelo hegemônico e de transformação da realidade escolar.

**Esse modelo de escola, que se globalizou e se apresenta muitas vezes como única e melhor opção que podemos oferecer às nossas crianças, atende às necessidades e expectativas das crianças do campo?** No caso das crianças da

Comunidade das Pedras, penso que a especificidade de saberem viver em um contexto de maior equilíbrio ecológico e de saberem produzir e proteger esta relação com a natureza não vem sendo afirmada pela escola como um saber legítimo e necessário para os tempos difíceis de crise ambiental e de desigualdades sociais. Fato que desconsidera os princípios da educação do campo, quanto à importância de valorizar na escola estes saberes próprios das comunidades dos campos (BRASIL, Decreto n. 7.352/2010, art. 6º).

## 7. PARA QUE SERVE ESCOLA?

Na medida em que o movimento de urbanização e industrialização cala o campo como algo a ser superado ou, de maneira romântica, idealizado a distância, ir ao encontro deste campo, viver e observá-lo a partir de uma convivência íntima e prolongada e descrevê-lo densamente, pode trazer importantes contribuições, no sentido de complexificar a compreensão das relações entre seres humanos e natureza.[6]

Pelo olhar das crianças, é a brincadeira que as define. No entanto, quando converso com seus responsáveis, estudar aparece como atividade central da vida das crianças, sempre oferecendo a oportunidade de "ser alguém na vida" (Anderson). A escola é vista pelas mães e pais como local que capacita e prepara para o futuro do trabalho, e esta também parece ser a visão dos profissionais da escola.

Eles amam a escola porque é um jeito de eles estarem fora da lavoura. (Daniela — coordenadora)

---

6. 16,03% da população brasileira vive no campo. São quase 31 milhões de brasileiras e brasileiros, dos quais 28,37% são crianças e adolescentes de até 14 anos (BRASIL/IBGE, PNAD, 2009).

*Direito ao ambiente como direito à vida*

Segundo Gélis (1991, p. 324), durante o século XIX a educação pública escolar ganha adesão das famílias justamente nesse sentido de introdução das crianças no mundo "civilizado" dos adultos e de treinamento para o trabalho.

> Assim, colocar na escola equivale a tirar da natureza. A nova educação deve seu êxito ao fato de moldar as mentes segundo as exigências de um individualismo que cresce sem cessar.

Por isso mesmo, a relação da escola com as crianças, em geral, não passa pela natureza ou pela brincadeira. A escola é a materialização do modelo hegemônico, é ela quem "liberta" a criança da vida no campo, aprisionando seu corpo, quem faz a criança ser alguém no mundo onde ser produtivo é o que importa.

Nesse aspecto, quando pergunto às crianças sobre a importância da escola em suas vidas, o que novamente marca suas falas são as tarefas e a ausência de sentido nelas.

> Para que serve escola?
> Para estudar (Tássyla).
> Para comer. Aprender o passado antes da gente nascer (Lucas).
> Aprender a ler, escrever (Danieli).
> Um monte de matérias só (Valmi).
> Escola serve para ter educação (Flory).
> Vai ter outra brincadeira, tia? (Thalita).

A pergunta sobre brincadeira surge justamente quando falávamos sobre a finalidade da escola e, de certo modo, constatávamos o excesso de "um monte de matérias", sem clareza, para as crianças, de seus objetivos ou utilidade. É como se, ao falarmos sobre a escola, estivéssemos de volta a ela, com seus montes de tarefas. Nesse sentido, a pergunta poderia ser compreendida como um apontamento da ausência da brincadeira — essa atividade central na vida das crianças — no espaço escolar.

> A brincadeira é uma palavra estreitamente associada à infância e às crianças. Porém, ao menos nas sociedades ocidentais, ainda é considerada irrelevante ou de pouco valor do ponto de vista da educação formal, assumindo frequentemente a significação de oposição ao trabalho, tanto no contexto da escola quanto no cotidiano familiar (BORBA, 2007, p. 34).

Mais tarde, quando pergunto aos(às) professores(as) sobre a relevância da natureza em seus planejamentos e em suas vidas, eles me surpreendem reconhecendo a importância.

> As pessoas estão destruindo a própria vida. (Silêncio). Acabando com a natureza não tem vida, é isso (Maria — professora).

> É uma extensão da gente. Nós fazemos parte dela. Faz parte da gente. A gente, destruindo a natureza, está se destruindo porque somos parte dela. É um ciclo que um precisa do outro (Daniela — coordenadora).

Educadores(as), que, através de suas práticas, formalizam a separação entre seres humanos e natureza por meio de planejamentos que adormecem o corpo, que emparedam e isolam e que influenciam a visão de mundo das crianças com as quais convivem, ao mesmo tempo, sentem-se impotentes diante da realidade opressora e desejam um mundo melhor.

> Daqui 50 anos? O verde, de preferência, estaria todo lá ainda, a Mulher de Pedra é muito bonita! E, se dependesse da vontade da gente, e eu acho que é a vontade de todo mundo, ia só melhorar. A questão de saneamento básico e a parte social também. Vargem Grande seria um paraíso (Antônio — professor).

> Sabe qual era o meu sonho? É ter um rio limpo para poder pescar, eu falo sempre isso para as crianças, que coisa maravilhosa seria a gente poder ir nesse rio aí atrás da escola e pescar (Maria — professora).

E, uma vez encarnadas, pensadas e comunicadas, desenhadas ou atuadas, estas emoções produzem realidade, afetam o mundo. Se cada um desses professores desejam coisas tão boas para o futuro de sua comunidade e de suas crianças, por que é tão difícil atuar de acordo com estes desejos agora no presente das escolas?

## 8. EDUCAÇÃO AMBIENTAL COMO DIREITO DAS CRIANÇAS

A Educação Ambiental desenvolvida nessa escola consistia em aulas extracurriculares com apoio do Sesc-Teresópolis. Oferecia às crianças encontros quinzenais para palestras, plantio de árvores nativas e brincadeiras. Na prática, uma bióloga e um engenheiro florestal iam à escola e se revezavam entre as turmas para desenvolver o projeto, que se propunha a fazer uma aproximação entre as crianças e as espécies nativas da região, assim como incentivar uma atitude mais ativa das crianças em relação às temáticas ambientais.

> Era um sonho que eu tinha de ver a horta na escola, ter um pomar, e está sendo feito, era uma coisa que eu sempre sonhava, e a gente um dia vai comer aquelas frutinhas. Plantar e colher. Isso é muito legal (Maria — professora).

O impacto da atuação da equipe de Educação Ambiental foi evidente. Eles(as) pintaram a escola, construíram um grande brinquedo no pátio, plantaram vários canteiros de flores, construíram uma composteira e transformaram com as crianças o terreno perto do rio em um pomar de frutas nativas.

A ideia de invisibilidade do espaço externo que apresentei anteriormente estava sendo profundamente abalada por esta "ação ambientalista", como definiu o educador ambiental. Era impossível não notar as mudanças. As crianças estavam impactadas, pressionavam seus professores para irem ao lado de fora e, estando ali, brincando, se afirmavam em relação com a natureza também no contexto escolar.

> A educação, na minha opinião, consiste em criar um espaço de convivência, em circunstâncias que se saiba que nele as crianças vão se transformar. E nessa transformação vão aprender a viver como vivem nesse espaço de convivência (MATURANA, 1997, p. 18).

Ter um brinquedo no quintal significava, na fala da professora, "necessidade de cuidado". Assumir o compromisso de molhar as mudas do pomar estava possibilitando que as crianças circulassem pela escola fora do contexto das filas e que fossem ao lado externo dela. Estar lá fora despertava nos adultos outras maneiras de se relacionar com as crianças, outras referências.

Aconteceu, por exemplo, de a mesma professora que justificava as saídas escassas pela necessidade de "dar" todo o conteúdo programado dizer estar feliz por poder brincar mais com as crianças. Relacionei esta importância da maior proximidade com a natureza com Grün (2003, p. 2-3) e a discussão sobre a impossibilidade de uma educação que não seja ambiental.

> Como podemos ter uma educação não ambiental se desde o dia do nosso nascimento até o dia de nossa morte vivemos em um ambiente? [...] A única maneira de se entender o conceito de natureza na teoria educacional é por meio de sua ausência. [...] Tudo se passa como se fôssemos educados e educássemos fora de um ambiente.

No contexto do que vinha observando das relações humanas e ambientais na escola (as salas superlotadas, o quadro-negro cheio de conteúdos descontextualizados e o pátio desabitado), as aulas de Educação Ambiental começaram a parecer uma possibilidade de emergência em relação à temática am-

*Direito ao ambiente como direito à vida*

biental, por serem as que se propunham a trazer a natureza de volta para a escola.

Quando digo emergência, novamente me refiro à sociologia das ausências e das emergências (SANTOS, 2007, p. 37), em que uma emergência é aquilo que surge indicando novos caminhos e possibilidade de outros futuros:

> Tentaremos ver quais são os sinais, as pistas, latências, possibilidades que existem no presente e que são sinais do futuro, que são possibilidades emergentes e que são "descredibilizadas" porque são embriões, porque são coisas não muito visíveis. [...] Entre o nada e o tudo — que é uma maneira muito estática de pensar a realidade — eu lhes proponho o ainda não.

Propor as aulas de Educação Ambiental como emergência significa um convite ou resgate de outra relação das crianças com a natureza, na medida em que valorizavam os saberes das crianças — em relação ao meio em que vivem e suas brincadeiras — e pela prática de estabelecer com elas relações menos hierárquicas.

> O projeto é bom, sei que deixa as crianças felizes. Mas eu não me envolvo muito porque passa o ano, projeto vai, projeto vem e quem permanece na escola, sobrecarregado com mais um projeto somos nós (Beatriz — professora).
>
> É um trabalho que geralmente não é feito nas escolas pelos professores não terem muito essa área dominada (Antônio — professor).

No entanto, o fato de muitas vezes a Educação Ambiental existir nas escolas via projetos externos, sem continuidade, com pouca fundamentação teórica e metodológica (CINQUETTI, 2003) e à mercê dos interesses privados de seu financiamento (CUNHA, 2007), aponta, como também aparece na fala desses professores, para o não cumprimento da Lei n. 9.795/99. Nesse sentido, a

Educação Ambiental ainda não é plenamente garantida como direito das crianças e dever do Estado, devendo fazer parte da matriz curricular de todas as escolas, assim como da formação de seus professores e ser oferecida nos estabelecimentos públicos por professores concursados.

Apesar de esta área da educação[7] se tratar de um campo polissêmico, há consenso no reconhecimento de que as concepções de Educação Ambiental estão marcadas por sua dimensão política, pelo compromisso com a diversidade e pelo caráter interdisciplinar, pois "reivindica e prepara os cidadãos para exigir justiça social, cidadania nacional e planetária, autogestão e ética nas relações sociais e com a natureza" (REIGOTA, 2004, p. 10), e de que seu fazer deve estar associado a uma mudança de valores, para a realização de "trabalhos mais consequentes, críticos e efetivos" (CINQUETTI, 2003, p. 3).

Nesse aspecto, aprofunda-se a discussão sobre o papel da educação comprometida com a proposição de modelos de desenvolvimento econômico-cultural que não provoquem desequilíbrio ambiental e desigualdades sociais, mas que promovam relações mais saudáveis e responsáveis de cada ser humano consigo mesmo, com os outros e com a Terra.

> Deste modo, a formação de educadores ambientais precisa ser pensada e debatida no sentido de buscar capacitação e informação no campo ambiental procurando integrá-los a uma reflexão crítica que está voltada a uma proposta de ação e intervenção social e política, no sentido de

---

7. Realizei uma revisão bibliográfica dos trabalhos apresentados no GT-22 da Anped sobre o tema. Este grupo de trabalho foi instituído em 2003, diante da crescente demanda de pesquisadores(as) voltados(as) a esta área. Foram apresentados 80 trabalhos entre 2003 e 2009, 42,1% contaram com apoio de agências financiadoras; 53,7% estão concentrados em seis instituições de ensino, que desenvolvem linhas de pesquisa em Programas de Pós-Graduação vinculadas à temática da Educação Ambiental. Concentrei meus estudos nos textos que cruzavam a Educação Ambiental à temática da infância e à formação de seus(suas) professores(as), em um total de 17 trabalhos.

*Direito ao ambiente como direito à vida*  169

construir e consolidar ações em prol de um ambiente mais saudável para esta e para as futuras gerações (VASCONCELLOS e SANCHEZ, 2006, p. 1).

Dessa maneira, apontamos para a necessária superação do caráter monocultural da escola, para a importância da dimensão natural no desenvolvimento integral das crianças e para a urgência de que a formação de nossos(as) professores(as) esteja imersa nessas discussões, contagiando-os(as) com a perspectiva de outros mundos possíveis.

## CONSIDERAÇÕES FINAIS

A relação dialética entre ausências e emergências mostra a necessidade de colocar o foco nas emergências, ampliando-as e articulando-as com o desenvolvimento curricular e superando uma visão também dicotômica entre currículo formal e Educação Ambiental.

> O desafio está no fato de que essa construção coloque num mesmo patamar de importância duas dimensões tradicionalmente antagonizadas: a natural e a cultural. É o exercício de convívio com o mundo natural e a vivência de outras relações de produção e de consumo que possibilitarão às crianças se constituírem como seres não antropocêntricos, ou seja, que saibam cuidar de si, dos outros, da Terra (TIRIBA, 2010, p. 5).

Quando falo sobre a necessidade de perceber fragilidades, me refiro à necessária transposição das dificuldades e desafios, mas principalmente a não nos fragilizarmos com essas dificuldades e desafios como agentes de transformação para outros mundos que queremos. É neste sentido que Boaventura de Sousa Santos (2007, p. 1) fala da importância de "renovar a teoria crítica e reinventar a emancipação social", sendo o compromisso das Ciências Sociais e Humanas documentar estas experiências, que isoladamente podem parecer pequenos momentos de alegria, mas que articuladas em rede empoderam sujeitos localmente e organizam e fortalecem movimentos mais amplos.

Recentemente, passando na frente da escola que foi campo de investigação da minha pesquisa, encontrei com uma das educadoras ambientais, que me disse:

> Eu tava muito triste vendo que o projeto está acabando e a gente conseguiu mudar tão pouco na escola. Aí, outro dia passei aqui na porta e vi as merendeiras pulando amarelinha no desenho que fiz no pátio para as crianças brincarem. Aquilo me deixou tão feliz. Ver aquelas mulheres tão bravas brincando (Educadora Ambiental).

Maturana (2004) diz que cada vez que a gente se encanta ativa a rede de autopoeise que nos retroalimenta, ativa a vida em nós. Nesse sentido, trazer a vida para escola não era pouco, e esse reconhecimento passa pela necessidade de superarmos o tempo da produção de mercadorias também em relação às nossas ações.

> A educação ecológica visa provocar uma mudança na ênfase, na lealdade, no afeto e nas convicções para preencher a lacuna existente entre o homem e seu meio *ambiente*. Trata-se menos de remendos no status quo do que de um rompimento com antigos conceitos, com a camisa de força dos currículos e até com o confinamento em salas de aula e prédios escolares. [...] O que é real estimula todos os sentidos, não só o intelecto (Orr, 1995, p. 3).

Se propomos uma articulação da perspectiva ambiental à Educação em Direitos Humanos, podemos dizer que as práticas propostas e desenvolvidas pela Educação Ambiental empoderam as crianças, promovendo a educação para a mudança e transformação social também do ponto de vista da sustentabilidade, de

Direito ao ambiente como direito à vida

acordo com as Diretrizes Nacionais para a Educação em Direitos Humanos (BRASIL, MEC/CNE — Res. n. 1/2012).

Esta aproximação entre Educação em Direitos Humanos e Educação Ambiental anuncia, no atual contexto de emergência planetária, uma escola com mais saúde, mais feliz. E revela a Educação Ambiental como emergência de uma outra forma de educar, agente de reconexão e revalorização de uma visão de mundo biocêntrica, a partir da qual os direitos ambientais declarados sejam respeitados como complemento dos direitos de todas as espécies à vida e o reconhecimento da vida na Terra.

## REFERÊNCIAS

BLACK, Carol. *Escolarizando o mundo*. 2013. Documentário disponível em: ‹www.youtube.com/watch?v=6t_HN95-Urs›. Acesso em: 23 nov. 2013.

BOFF, Leonardo. *Saber cuidar*: ética do humano, compaixão pela Terra. Petrópolis: Vozes, 1999.

BORBA, Ângela. O brincar como um modo de ser e estar no mundo. In: BEAUCHAMP, J.; PAGEL, S.; NASCIMENTO, A. *Ensino fundamental de nove anos*: orientações para a inclusão da criança de seis anos de idade. Brasília: Ministério da Educação, 2007.

BRASIL. *Constituição Federal*, 1988. Brasília.

_____. Estatuto da Criança e do Adolescente. Lei n. 8.069/90.

_____. Lei de Diretrizes e Bases da Educação Nacional. Lei n. 9.394/96.

_____. Política Nacional de Educação Ambiental. Lei n. 9.795/99.

_____. Ministério do Meio Ambiente. Ministério da Educação. Programa Nacional de Educação Ambiental. Brasília/DF: Ministério do Meio Ambiente, 2005.

_____. Diretrizes Curriculares Nacionais para Educação Infantil, Resolução n. 5/2009.

BRASIL. IBGE. Pesquisa Nacional por Amostra de Domicílios, 2009.

_____. Educação no campo. Decreto n. 7.352/2010.

_____. Diretrizes Curriculares Nacionais para Educação Básica, Resolução n. 4/2010.

_____. Secretaria Especial dos Direitos Humanos da Presidência da República. Programa Nacional de Direitos Humanos 3. Brasília: SEDH/PR, 2010.

_____. Diretrizes Nacionais para Educação em Direitos Humanos. Resolução n. 1/2012.

_____. Diretrizes Nacionais para Educação Ambiental, Resolução n. 2/2012.

CINQUETTI, Heloisa. *Educação de professoras e resíduos sólidos*: aspectos dos conhecimentos dos conteúdos. GT-22/Anped, 2003.

CONFERÊNCIA DAS NAÇÕES UNIDAS SOBRE O AMBIENTE E O DESENVOLVIMENTO (ECO-92). *Carta da Terra*, ONU, 1992.

CONFERÊNCIA DAS NAÇÕES UNIDAS SOBRE DESENVOLVIMENTO SUSTENTÁVEL (Rio + 20). *Declaração Universal dos Direitos da Mãe Terra*, ONU, 2012.

CUNHA, Luiz Antônio. O desenvolvimento meandroso da educação brasileira. Entre o Estado e o mercado. *Educação & Sociedade*, Campinas, v. 28, n. 100, p. 809-29, out. 2007.

FOUCAULT, Michel. *Vigiar e punir*. Petrópolis: Vozes, 1997.

FREINET, Célestin. *Para uma escola do povo*. São Paulo: Martins Fontes, 2001.

GÉLIS, Jacques. A individualização da criança. In: ARIÈS, P.; DUBY, G. *Da renascença ao século das luzes*. Rio de Janeiro: Companhia das Letras, 1991.

GRÜN, Mauro. *A outridade da natureza na educação ambiental*. GT-22/Anped, 2003.

GUATARRI, Felix. *As três ecologias*. Campinas: Papirus, 1995.

LEITE, Maria Isabel. *No campo da linguagem, a linguagem do campo*: o que falam de escola e saber as crianças da área rural? Dissertação (Mestrado) — Pontifícia Universidade Católica. Rio de Janeiro, 1995.

MATURANA, Humberto. As bases biológicas do aprendizado. *Revista Dois Pontos*: teoria e prática, Paraná, v. 4, n. 39, jul./ago. 1997.

_____. *Emoções e linguagem na educação e na política*. Belo Horizonte: Editora UFMG, 2009.

*Direito ao ambiente como direito à vida*　　　　173

MATURANA, Humberto; VARELA, Francisco. *Árvore do conhecimento*. Campinas: Editorial Psy, 1995.

\_\_\_\_\_; VERDEN-ZÖLLER, Gerda. *Amar e brincar*: fundamentos esquecidos do humano. São Paulo: Palas Atenas, 2004.

MORAES, Maria Cândida. *Educar na biologia do amor e da solidariedade*. Petrópolis: Vozes, 2003.

ORR, David. Escolas para o século XXI. *Revista da TAPS*, Associação Brasileira de Tecnologias Alternativas e Promoção da Saúde, São Paulo, TAPS, n. 16, 1995.

REIGOTA, M. *Meio ambiente e representação social*. São Paulo: Cortez, 1995.

\_\_\_\_\_. *O que é educação ambiental*. São Paulo: Brasiliense, 2004.

SANTOS, Boaventura de Sousa (Org.). *Semear outras soluções*: os caminhos da biodiversidade e dos conhecimentos rivais. Rio de Janeiro: Civilização Brasileira, 2005.

\_\_\_\_\_. *Renovar a teoria crítica e reinventar a emancipação social*. São Paulo: Boitempo, 2007.

SPINOZA, Benedictus de. *Ética*. Trad. Tomaz Tadeu. Belo Horizonte: Autêntica, 2009.

TIRIBA, L. *Infância, escola e natureza*. Tese (Doutorado) — Departamento de Educação, Pontifícia Universidade Católica, Rio de Janeiro, 2005. 175 f.

\_\_\_\_\_. *Crianças da natureza*. In: SEMINÁRIO NACIONAL: CURRÍCULO EM MOVIMENTO — PERSPECTIVAS ATUAIS, 1., *Anais...*, Belo Horizonte, nov. 2010.

VASCONCELLOS, Hedy; SANCHEZ, Celso. A formação do educador ambiental: reflexões sobre os caminhos para a construção e delimitação de um objeto de pesquisa em educação ambiental. In: REUNIÃO ANUAL DA ANPED, GT-22 — Educação Ambiental, 2006.

VIGOSTKI, L. *Imaginação e criação na infância*: ensaio psicológico. Trad. Zoia Prestes. São Paulo: Ática, 2009.

WILSON, Edward O. *Biofilia*. México: Fondo de Cultura Económica, 1989.

# DESAFIOS DA FORMAÇÃO DE PROFESSORES(AS):
## ensinando as crianças e jovens do campo a identificar e minimizar os impactos ambientais de suas atividades agrícolas

### Dilma Pimentel

> O Homem é uma invenção recente.
> (MICHEL FOUCAULT)

## INTRODUÇÃO

Este artigo tem o objetivo de refletir sobre o papel das escolas do campo na educação das crianças e jovens que, como futuros trabalhadores, deverão saber identificar e minimizar os impactos ambientais de suas atividades agrícolas.

Levando-se em conta que dos quase 5 milhões de estabelecimentos rurais do país cerca de 90% são de propriedades rurais

*Direito ao ambiente como direito à vida*

extremamente pequenas (SEBRAE, 2012), questiona-se se o modelo que a educação rural no Brasil vem recebendo consegue preparar nossa população para os desafios da sustentabilidade planetária.

Partindo dessa inquietação, o alvo deste texto é a população rural brasileira e o que ela recebe como conteúdo formal enquanto permanece matriculada, cumprindo a educação básica institucional. Utilizou-se, como referência, a tese de doutorado *Educação e desigualdade de renda no meio rural brasileiro*, de Marlon Gomes Ney (2006). Essa tese informa que, do total de indivíduos ocupados na agricultura, mais de 25% são analfabetos ou têm escolaridade inferior a um ano. Além disso, cerca de 54% têm apenas quatro anos de escolaridade. Ou seja, esses dados demonstram a situação perversa dos(as) denominados(as) trabalhadores(as) rurais, onde cerca de 80% sequer concluem a 5ª série do ensino fundamental, permanecendo na escola menos tempo do que o recomendado.

Com o pouco tempo de permanência escolar há a consequente redução de acesso a conteúdos necessários ao desenvolvimento de competências para lidar com seu ambiente de atuação, os impactos ao meio ambiente e a sua própria saúde.

As políticas educacionais para o ensino fundamental, em especial as relacionadas com os livros didáticos e a formação dos(as) professores(as), precisam incorporar as especificidades do mundo rural, proporcionando ao produtor brasileiro maior consciência sobre os impactos ambientais que suas atividades causam.

Com vistas a contribuir para esta reflexão, inicialmente o texto aborda a correlação entre os Direitos Humanos e os Direitos de Gaia sob um olhar da concepção Ecocêntrica. Em seguida, o custo ambiental das atividades rurais é apresentado como forma de justificar a necessária inserção desses temas nas disciplinas relacionadas com as Ciências Naturais, a partir de exemplos da realidade rural e não urbana.

A educação como um dever e como um direito das crianças campesinas, as causas para o distanciamento entre o que elas e suas famílias vivenciam, assim como as informações transmitidas nas escolas, são discutidos nos três artigos seguintes. Eles focam também: os aspectos e impactos ambientais das atividades rurais, a educação como direito de todos visando o desenvolvimento sustentável, a formação deficiente do(a) docente e a baixa qualidade das informações contidas nos livros didáticos.

O texto encerra refletindo sobre a importância da inserção da realidade do campo na educação para a minimização dos problemas ambientais contemporâneos.

## 1. DIREITOS HUMANOS E DIREITOS DE GAIA

Antes de explicar o que me levou a abordar os Direitos de Gaia, relacionando-os com a formação dos(as) professores(as) e o campo, será preciso abordar diversas formas de cosmovisão. Isso porque, nos dias de hoje, ultrapassar a concepção antropocêntrica encontrada na maioria dos textos ambientalistas passa a ser pré-requisito, pois não se pode considerar a espécie humana de forma superior como nos escritos bíblicos:

> Disse também Deus: Façamos o homem à nossa imagem e semelhança, o qual presida aos peixes do mar, às aves do céu, às bestas, e a todos os répteis que se movem sobre a terra, e domine em toda a terra. E criou Deus o homem à sua imagem: fê-lo à imagem de Deus, e criou-os macho e fêmea (*Gênesis 1*, Bíblia, v. 26-27).

Lovelock (2006) afirma que a Terra é "um sistema único e autorregulador composto de componentes físicos, químicos, biológicos e humanos". No entanto, estamos ainda distantes desta concepção. Embora tenhamos a tendência de nos vermos como mais importantes que as demais espécies ou a dar importância exclusivamente às formas de vida que de alguma maneira interfiram em nossos interesses de modo positivo ou negativo, apenas recentemente começamos a nos preocupar em explicitarmos conceitualmente novos paradigmas ambientais. Termos como Antropocentrismo[1], Biocentrismo[2] e Ecocentrismo[3] vêm sendo utilizados de acordo com o conhecimento que se tem da complexidade e das correlações entre os organismos da Terra e os demais componentes dos ecossistemas. Pode parecer, em um primeiro momento, que se trata apenas de uma variação epistemológica academicista, mas no fundo, a essas expressões, englobam-se valores intrínsecos. Como exemplos, as questões éticas (individuais) e morais (coletivas) como as do próprio Lovelock que, apesar de tudo, confere à Gaia sentimentos do mundo "racional" dos humanos, como a vingança;[4] a lógica dos vegetarianos que sentem o "sofrimento" animal e não o vegetal; os grupos contra transgênicos, mas não contra agrotóxicos ou o controle biológico de pragas, ou mesmo os grupos consumidores compulsivos que dizem proteger o planeta.

No processo de evolução moral, as questões dos direitos se ampliam. Após a Declaração Universal dos Direitos Humanos de 1948, surgem a Declaração Universal dos Direitos dos Animais (1978), a Declaração Universal dos Direitos das Plantas (1988) e mais recentemente, por enquanto, a Declaração Universal dos Direitos da Mãe Terra (2010).

Este artigo tem como referência a visão Ecocêntrica, na medida em que defende valores e práticas não utilitaristas dos

---

1 Antropocentrismo — Considera que a humanidade deve permanecer no centro do entendimento dos humanos, isto é, o universo deve ser avaliado de acordo com a sua relação com o Homem.

2 Biocentrismo — Considera que todas as formas de vida são igualmente importantes, não sendo a humanidade o centro da existência.

3 Ecocentrismo — Defende valores não utilitaristas dos ecossistemas e da própria biosfera.

4. Referência ao título *A vingança de Gaia*, de James Lovelook (2006).

ecossistemas.[5] Poderia dizer que por esta ótica ver-se-ia o(a) homem(mulher) como parte da natureza e não o centro dela. Entretanto, a palavra "natureza" será evitada já que: "Toda sociedade, toda cultura cria, inventa, institui uma determinada ideia do que seja a natureza. Nesse sentido, o conceito de natureza não é natural, sendo na verdade criado e instituído pelos homens" (GONÇALVES, 2006, p. 23).

O fato determinante que motivou e originou a abordagem utilizada no texto é a necessidade de se analisar a situação atual de degradação ambiental brasileira e elucidar um cenário que se mostra preocupante no atual contexto econômico: o despreparo das populações rurais para lidar com os impactos ambientais negativos resultantes de suas atividades, cujas cadeias produtivas se mostram a cada dia mais robustas e complexas.

## 2. O CUSTO AMBIENTAL DO RURAL

Segundo Bin (2004), a reorientação das políticas agrícolas tradicionais (essencialmente voltadas ao aumento da produção e da produtividade), a partir da década de 1980, caracterizou-se pela emergência de novos temas, com destaque para segurança alimentar e sustentabilidade na agricultura.

A agricultura sustentável aponta para a manutenção, em longo prazo, dos recursos naturais e da produtividade agrícola, mínimo de impactos adversos ao meio ambiente, retorno adequado aos produtores, otimização e produção de culturas, com o mínimo de insumos químicos, satisfação das necessidades humanas de alimentos e renda, atendimento das necessidades sociais das famílias e comunidades rurais.

---

5. Definido como conjunto de fatores bióticos (com vida) e abióticos (sem vida) que se relacionam.

Há ainda pontos que não se referem apenas à "melhoria" em termos ecológicos: a agricultura sustentável deve ser capaz de manter a produtividade (no limite de conservação dos recursos naturais), a estabilidade (constância da produção), a resiliência (capacidade de manter a produção em condições de choque ou estresse) e a equidade (partilha dos resultados entre os beneficiários), além de considerar as especificidades locais das práticas agrícolas tradicionais. É a partir daí que se estabelece, segundo Bin (2004), a consonância entre os interesses econômicos e os interesses ecológicos e sociais no ideal da sustentabilidade.

## 3. MAS DE QUE ASPECTOS E IMPACTOS ESTAMOS FALANDO?

Os problemas ambientais são tão antigos quanto o ser humano, o que é novo é a sua dimensão e a sua escala. Em todo o planeta, praticamente não existe um ecossistema que não tenha sofrido influência direta e/ou indireta do mesmo.

O que se observa é uma forte pressão do sistema produtivo sobre os recursos naturais, através da obtenção de matéria-prima, utilizada na produção de bens que são utilizados no crescimento econômico. O desenvolvimento gerado retorna capital para o sistema produtivo, ocasionando impactos quase sempre negativos ao meio ambiente.

Entende-se por impacto ambiental qualquer alteração significativa no meio ambiente, em um ou mais de seus componentes, provocada pela ação antrópica. Um impacto ambiental é sempre consequência de uma ação, ação esta comumente chamada de aspecto ambiental.

Embora a poluição do *ar* sempre tenha existido — como nos casos das erupções vulcânicas ou da morte de homens asfixiados por fumaça dentro de cavernas —, foi só na era industrial que se tornou problema mais grave. No caso específico das atividades rurais, o impacto ambiental pode ser derivado da poluição originada de queimadas, do lançamento de gases que destroem a camada de ozônio (equipamentos de ar-condicionado e frigoríficos, por exemplo) ou do agravamento do efeito estufa decorrente do processo de decomposição de dejetos (suínos e principalmente bovinos), bem como desmatamento, queimadas e mudança do uso do solo, entre outros.

Nas grandes aglomerações urbanas, o principal foco de poluição do *solo* são os resíduos industriais e domésticos. Nas áreas rurais, os problemas ambientais são consequência da alteração da qualidade resultante da expansão da fronteira agrícola e das pastagens; da utilização excessiva de fertilizantes químicos e agrotóxicos; e da desertificação e erosão do solo.

O não cumprimento das leis referentes às áreas de Preservação Permanente e Reserva Legal na grande maioria das propriedades rurais, e a poluição causada por curtumes, dejetos suínos, vinhoto e queima da cana contribuem também a impactar o solo.

A degradação da qualidade dos *recursos hídricos* tem causado sérios problemas ecológicos no Brasil. Efluentes das destilarias de álcool, matadouros, frigoríficos e criadouros de animais, além de águas de lavagem da cana-de-açúcar, agravam o problema.

Outros problemas que comprometem a qualidade dos recursos hídricos são: o assoreamento de cursos d'água por erosão do solo; a utilização excessiva decorrente da irrigação de culturas agrícolas; e a contaminação por agrotóxicos.

Os principais problemas quanto aos *recursos florestais e biodiversidade* estão relacionados à redução de áreas, devido:

- à elevada taxa de desmatamento, queimada e incêndios florestais; à expansão da fronteira agrícola;

- às práticas comuns de exploração da madeira em sistemas não manejados;

- à extração ilegal da madeira, bem como de produtos como palmito, xaxim e canela;

- à geração de resíduos e subprodutos como resultados da exploração dos recursos florestais; e como anteriormente, o não cumprimento das leis referentes às áreas de preservação permanente e reserva legal na grande maioria das propriedades rurais também auxilia a deteriorização da fauna e da flora.

As questões acerca da complexidade e gigantismo do universo rural — incluindo seu impacto não só na economia brasileira, mas principalmente no meio ambiente — justificam a urgência de que esses temas sejam tratados e inseridos no ambiente escolar.

Nesse ponto, dados como o do censo de 2010 de que 84% da população brasileira é urbana, o que nos leva ao absurdo prognóstico de que até 2030 seremos 100% urbanos, só reforçam o medo de que políticas públicas relacionadas ao mundo rural sejam esvaziadas. Quais seriam as chances de se conseguir um programa de melhoria da educação rural, ou mesmo de habitação rural, num ambiente em que se acredita que a população rural brasileira terá desaparecido antes de 2030? (VEIGA, 2005).

Por isso acredito que apenas pela educação básica poderemos influenciar positivamente todos(as) os(as) envolvidos(as) a uma mudança na cultura, nos padrões de consumo e na forma como o(a) agricultor(a), em especial o(a) familiar, se relaciona com o meio ambiente.

## 4. A EDUCAÇÃO COMO DEVER E COMO DIREITO DE TODOS

Segundo Gadotti (2000, p. 6),

a educação apresenta-se numa dupla encruzilhada: de um lado, o desempenho do sistema escolar não tem dado conta da universalização da educação básica de qualidade; de outro, as novas matrizes teóricas não apresentam ainda a consistência global necessária para indicar caminhos realmente seguros numa época de profundas e rápidas transformações.

Em relação às áreas rurais, historicamente, os municípios e seus moradores não tiveram praticamente nenhuma participação em programas ou políticas de desenvolvimento rural. As políticas fundiárias e agrícolas são, em sua maioria, competências privativas da União. Tal situação só agrava a ideia de que o rural é o sinônimo do atraso reforçado pelos traços que caracterizam a trama do nosso processo de colonização, cuja base foi a grande propriedade e o trabalho escravo.

Segundo as Diretrizes Complementares a Educação Básica do Campo (BRASIL, 2008), a educação do campo destina-se ao atendimento às populações rurais em suas mais variadas formas de produção da vida — agricultores familiares, extrativistas, pescadores artesanais, ribeirinhos, assentados e acampados da reforma agrária, quilombolas, caiçaras, indígenas e outros.

No entanto, inúmeros municípios brasileiros convivem concomitantemente com o agronegócio e a agricultura familiar. Seja de forma direta ou indireta, é necessário que a população de áreas rurais ou urbanas, cuja atividade econômica central seja a agropecuária, entenda os impactos que as atividades causam.[6] Crianças, filhos(as) de trabalhadores(as) assalariados(as) de empresas que compõe o que comumente chamamos de agronegócio também precisam receber informações para que possam de forma crítica auxiliar seus pais a identificar os aspectos e, consequentemente, os impactos ambientais negativos de suas atividades.

Infelizmente, como denuncia Sônia Pereira (2007, p. 360), a educação acaba por receber a responsabilidade de inserir o(a)

---

6. Segundo a PNAD 2007 (IBGE), 60,7% das crianças entre 5 e 13 anos ocupadas, estão inseridas em atividades agrícolas.

Direito ao ambiente como direito à vida

trabalhador(a) rural no mercado de trabalho urbano, como se ela tivesse o poder quase mágico de proporcionar ao(à) cidadão(ã) a mobilidade social e a progressiva melhoria nas condições de vida, posto que no estudo residiria a possibilidade de o indivíduo alcançar melhores oportunidades no mundo do trabalho, contribuir para o desenvolvimento econômico-social e participar mais ativamente da vida política nacional.

Pelo menos quanto às questões ambientais, faltam exemplos do que ocorre no cotidiano rural. O preconceito com a vida na "roça" e a valorização da vida urbana suscitam de maneira subliminar um caráter xenofóbico que, no entanto, escapa do objetivo deste texto, sendo necessário, então, voltar-se para a questão central: a educação recebida pelas crianças do campo permite o entendimento dos impactos ambientais?

Nesse ponto, é necessário esclarecer que a educação citada neste trabalho não se restringe à formadora de trabalhadores(as) rurais, consagrada por vários autores(as), em especial Polan Lacki (2006), um defensor da necessária "agriculturalização", "ruralização" como forma de tornar mais realistas, mais instrumentais e mais pragmáticos os conteúdos educativos dessas escolas, eliminando de seus currículos os conteúdos excessivamente teóricos, abstratos e com baixa probabilidade de serem utilizados na vida e no trabalho rural.

Essa educação, vítima da globalização neoliberal, não é prioritariamente instrumento de desenvolvimento sustentável, mesmo que possa também ser considerada como tal, secundariamente; também não é preparação para o mercado de trabalho tal como ele é, mesmo que possa constituir também processo de qualificação profissional — pensando em sua relação com as lutas para transformar as relações de produção e as relações sociais.

Assim, um currículo comum de base deve ser definido para todos, o que constitui uma obrigação para a escola e para o Estado.

Desde a Conferência de Jomtien,[7] quando se afirmou a necessidade de uma universalização da educação básica de qualidade, a educação rural tem-se tornado um ponto central na discussão sobre o acesso à escola e o direito à educação, enfrentando como desafio a expansão do ensino à totalidade das populações de várias nações latino-americanas.

Segundo Marlene Ribeiro (2008), a educação do campo, tratada como educação rural na legislação brasileira, tem um significado que incorpora os espaços da floresta, da pecuária, das minas e da agricultura, mas os ultrapassa ao acolher em si os espaços pesqueiros, caiçaras, ribeirinhos e extrativistas.

O rural, nesse sentido, mais do que um perímetro não urbano, é um campo de possibilidades que dinamizam a ligação dos seres humanos com a própria produção das condições da existência social e com as realizações da sociedade humana (ARROYO, CALDART e MOLINA, 2004, p. 176).

O desafio de elevar a escolaridade média do trabalhador rural é urgente. Para se ter uma dimensão do problema, em 2008 a escolaridade do(a) trabalhador(a) rural era de 4,1 anos, enquanto a escolaridade dos(as) trabalhadores(as) das outras atividades econômicas ultrapassa os 9 anos. Ou seja, um(a) trabalhador(a) da indústria ou de serviços estuda, em média, o dobro do número de anos de um(a) trabalhador(a) rural.

Para Brandão (1996), são raras as escolas rurais no Brasil que se encontram bem equipadas, com professores(as) bem preparados(as) para utilizar estratégias voltadas para o campo. Outros

---

7. Nome dado à conferência realizada na cidade de Jomtien, na Tailândia, em 1990, denominada Conferência Mundial sobre Educação para Todos, cujo objetivo era estabelecer compromissos mundiais para garantir a todas as pessoas os conhecimentos básicos necessários a uma vida digna, condição insubstituível para o advento de uma sociedade mais humana e mais justa. Participaram das discussões a Unesco e a Unicef, com apoio do Banco Mundial e de várias outras organizações intergovernamentais, regionais e organizações não governamentais (ONGs).

problemas alertados por ele são: o calendário escolar, totalmente inadequado e em dissintonia com o calendário agrícola de muitas regiões do Brasil, e a descontinuidade das políticas públicas voltadas para essa área, pois, segundo esse mesmo autor, cada governante federal, estadual ou municipal que entra destrói as iniciativas de gestões anteriores. O fato de 93% dos(as) alunos(as) do campo estudarem em escolas municipais é mais um complicador, pois, apesar dos esforços recentes, ainda persistem as diferenças de infraestrutura, qualificação dos professores e de acesso.

Infelizmente, passados quase 20 anos, as inquietações trazidas por Brandão (1996) continuam pertinentes, como se pode ver no texto de Maria Carmen Silveira Barbosa (2012), a seguir:

> Em relação à educação ofertada no campo, embora seja perceptíveis avanços, principalmente em relação aos marcos legais, ainda há muitos aspectos a serem enfrentados para garantir o efetivo direito à educação, em todos os níveis e modalidades. Há ainda grandes desafios quanto à formação de professores, à infraestrutura das escolas, ao transporte escolar e à elaboração de um material didático capaz de respeitar e refletir as especificidades de aprendizagem dos estudantes rurais. O que se percebe é que, muitas vezes, ao contrário de uma valorização e promoção da educação do campo, o que tem prevalecido é o fechamento das escolas localizadas em comunidades rurais e a valorização da política de transporte escolar que deveria ser, como já vimos, em casos especiais Seria utilizado somente quando necessário, garantindo o menor tempo e trajeto possível de deslocamento das crianças (BARBOSA et al., 2012, p. 127).

A educação básica rural não pode ter apenas o caráter instrumental, no sentido de proporcionar às crianças conteúdos úteis que elas possam aplicar na correção das suas próprias ineficiências e na solução dos problemas que ocorrem nos seus lares, propriedades e comunidades.

Aqui, é imprescindível a ação dos(as) educadores(as), no sentido de que a ação educativa contribua para a construção de valores éticos, a partir da consciência de que as perspectivas de um futuro feliz se fragilizam, concretamente, na manutenção do dualismo existente entre ambiente e sociedade.

Nesse cenário, o grande desafio da educação é mediar um novo projeto de sociedade, no qual os aspectos políticos, sociais, econômicos, culturais e, principalmente, ambientais sejam criticamente revistos. Isso implica levar os(as) educandos(as) a uma compreensão de que sua realidade imediata sofre os reflexos da realidade social, ao mesmo tempo que as ações individuais vão se somar às ações de outras pessoas e compor o tecido social.

O direito à educação não é simplesmente o direito de ir à escola para ser um(a) bom(boa) trabalhador(a) no futuro; mas o direito à apropriação efetiva dos saberes, dos saberes que fazem sentido, que esclarecem o mundo, e não de simples competências rentáveis em curto prazo; o direito à atividade intelectual, à expressão, ao imaginário e à arte, ao domínio de seu corpo, à compreensão de seu meio natural e social; o direito às referências que permitem construir suas relações com o mundo, com os outros e consigo mesmo.

As reorientações curriculares não devem continuar motivadas pelas novas exigências que o mundo do mercado impõe para os jovens que nele ingressarão. As demandas do mercado, da sociedade, da ciência, das tecnologias e competências ainda são os referenciais para o ensinar e aprender, deixando de lado análises sistêmicas sobre os impactos que causam no planeta em um jogo esquizofrênico de vida e morte em que se adiam decisões e se foge das responsabilidades.

A educação é constituinte central das estratégias para promoção de valores, no entanto, é preciso entender e incorporar questões para que esses valores incorporem os princípios da sustentabilidade.

*Direito ao ambiente como direito à vida*

> Se a educação tem a função de ensinar às novas gerações aquilo que a cultura quer preservar, ensina-se para as crianças o que, para os adultos, é valor. Portanto, ensina-se o divórcio entre seres humanos e natureza e outros que destes são decorrentes, como os divórcios entre corpo e mente e entre razão e emoção (TIRIBA, 2005, p. 63).

Junto com motivações positivas, essa seria a nossa melhor oportunidade de promover e enraizar os valores e os comportamentos que o desenvolvimento sustentável exige, veiculando mensagens que sejam sutis, mas claras; holísticas, mas tangíveis; multidimensionais, mas diretas.

Portanto, o elemento humano é fundamental — os direitos e responsabilidades, os papéis e relações pessoais, instituições, países, regiões e blocos sociopolíticos são essenciais para marcar o rumo do desenvolvimento sustentável.

> A representação social do meio ambiente vem se constituindo em um campo relativamente novo, tratando-se da questão da temática ambiental para a escola. Sua identificação como ponto de partida para a compreensão de como os alunos estão pensando, como veem, o que sabem, como situam os problemas ambientais, torna-se fundamental, seja como sondagem, seja como aprofundamento de temas. A representação social possibilita que o sujeito tome consciência de seus pensamentos, de suas ideias, de sua visão, de suas atitudes; ele acomoda os conflitos, encontra uma maneira de tornar familiar aquilo que lhe é desconhecido. Não se deve ficar apenas na identificação, mas deve-se ir além, desconstruindo e reconstruindo novas representações (AZEVEDO, 1999, apud BENEDICT, 2007, p. 71).

## 5. EDUCAÇÃO PARA O DESENVOLVIMENTO SUSTENTÁVEL

A educação para o desenvolvimento sustentável também não deveria ficar refém da visão reducionista e descontextualizada das Ciências Naturais dada no ensino fundamental, em especial do 1º ao 5º ano, independentemente do que dizem os documentos de referência da Educação, como os Parâmetros Curriculares Nacionais das Ciências Naturais (BRASIL, PCN, v. 4, 2007), e o que contém o tema transversal Meio Ambiente (v. 10.3).

Essa constatação nos leva a pensar que se uma das funções da escola é preparar para o exercício consciente da cidadania, não é possível seu ensino sem que seja permeado pelas possibilidades e limites do conhecimento científico. Embora se tenha clareza de que questões ambientais, de saúde e de sexualidade extrapolam o âmbito exclusivo das Ciências Naturais e não podem ser enfrentadas sem outros conhecimentos, não é possível deixar de tornar acessíveis os conhecimentos de tais ciências que sejam indispensáveis para compreender essas questões e atuar sobre elas.

Nessa perspectiva, a sala de aula deveria passar a ser espaço de trocas reais entre alunos(as) e entre eles(as) e o(a) professor(a), diálogo que é construído entre conhecimentos sobre o mundo onde se vive e que, ao ser um projeto coletivo, estabelece a mediação entre as demandas afetivas e cognitivas de cada um dos participantes.

> As grades curriculares, as rotinas das instituições educacionais expressam claramente esta evidência: a de que a escola não tem pelo corpo o mesmo apreço que tem pela mente... Em seu cotidiano, divorciam o ser humano da natureza, separam o corpo da mente, fragmentam o pensar e o sentir... (TIRIBA, 2005, p. 189).

Essa relação de desafio e de construção coletiva é alimentada pela percepção do grupo de suas conquistas e pelos novos desafios que constantemente se apresentam.

Propiciar o novo em Ciências Naturais é trazer para o ambiente escolar as notícias de jornal, as novidades da internet, é visitar espaços ao ar livre, museus e exposições de divulgação científica, além de participar da vida comunitária, como parte da rotina da vida escolar.

> Fruto da ilusão antropocêntrica de que a natureza estaria à disposição dos humanos, a escola alimenta uma inconsciência da finitude do mundo, da finitude da Terra, como organismo vivo, limitado, de onde não se pode extrair indefinidamente. E, engendrada à lógica do capital, dá força a uma visão do trabalho como principal atividade, através da qual os humanos se apropriam da natureza para transformá-la de acordo com seus desejos e necessidades. A visão antropocêntrica reforça um sentimento de estranhamento entre seres humanos e natureza: cria muros de fumaça — que se materializam como muros de alvenaria — separando as escolas do contexto em que estão situadas, impedindo que as crianças se percebam como parte de um todo planetário, cósmico (TIRIBA, 2005, p. 63).

Assim, no caráter endógeno da escola, a única fonte de informação acaba sendo o livro didático, já que os(as) professores(as) têm uma formação precária, em especial nas disciplinas relacionadas com Ciências: Física, Química e Biologia.

Parece inacreditável, mas um(a) professor(a) com formação no normal superior e até mesmo na Pedagogia não raramente, nunca recebeu aulas dessas disciplinas em suas vidas.

Mais grave ainda é que, baseada em minha experiência entre 2005 e 2010, lecionando a disciplina Conteúdo e Metodologia do Ensino de Ciências para alunos do 4º período do curso de Pedagogia de uma universidade particular no Rio de Janeiro, posso garantir que os poucos mais de 10% que tiveram aulas destas disciplinas, todos, sem exceção, não tinham boas lembranças. Essas, em sua maioria, relacionavam-se com a "decoreba" da tabela periódica e das fórmulas de velocidade. Além das reclamações unânimes quanto aos nomes complexos da classificação biológica, como: angiospermas, equinodermos, cnidários etc. Todos os saberes desconectados da vida prática.

## 6. FORMAÇÃO DOCENTE

> O dever principal da educação é
> de armar cada um para o
> combate vital para a lucidez.
>
> (Morin, 2000, p. 33)

A educação é um triplo processo de humanização (tornar-se um ser humano), de socialização (tornar-se membro de tal sociedade e de tal cultura) e de singularização (tornar-se um sujeito original, que existe em um único exemplar — independentemente de sua consciência como tal).

Para Charlot (2005), as três dimensões do processo são indissociáveis: não há ser humano que não seja social singular, não há membro de uma sociedade senão na forma de um sujeito humano, e não há sujeito singular que não seja humano e socializado. O(a) professor(a) faz parte desse triplo processo: é formador(a) de seres humanos, de membros de uma sociedade, de sujeitos singulares.

Ainda com base na experiência que obtive exercendo o cargo de professora, na disciplina denominada Conteúdo e Metodologia do Ensino de Ciências, ficou claro que o assunto carecia de discussões mais aprofundadas.

Com louváveis exceções, na maioria dos cursos de formação inicial em licenciatura, essas perspectivas, tanto dos novos materiais didáticos como dos resultados de pesquisa, são consideradas. A formação de professores(as), na maioria dos cursos, ainda está mais próxima dos anos 1970 do que de hoje.

Em 2012, havia mais de dois milhões de professores(as) atuando na educação básica no Brasil, sendo observada uma evolução da proporção de professores(as) com formação superior ou estudando. E aproximadamente 48% dos cerca de 400 mil professores(as) estão matriculados(as) em cursos de Pedagogia que ainda não incorporaram nas matrizes curriculares conteúdos relacionados com meio ambiente, nem mesmo de forma transversal.[8]

O século XX, segundo Morin (2000), apresentou um paradoxo, já que além dos avanços gigantescos em todas as áreas do conhecimento científico, assim como em todos os campos da técnica, produziu uma nova cegueira para os problemas globais, fundamentais e complexos, gerando inúmeros erros e ilusões, a começar por parte dos cientistas, técnicos e especialistas.

A utopia de produção de uma outra realidade macroplanetária e microcotidiana exigiu uma leitura do mundo em que vivemos hoje, em busca dos sentidos, dos princípios, dos objetivos, enfim, dos elementos teórico-práticos que constituem a visão de mundo moderna. E, por outro lado, nas práticas cotidianas de crianças e educadoras, a identificação do que está instituído e do que escapa à lógica hegemônica (TIRIBA, 2005, p. 23).

O problema é que ensinar não é transmitir. Na prática, para ajudar os(as) professores(as) a enfrentar novas situações de ensino, oferece-se a eles(as), hoje, uma formação do tipo universitário, em que predomina um acúmulo de conteúdos disciplinares. Esses conteúdos não são inúteis (não há uma boa pedagogia sem um bom conhecimento dos conteúdos ensinados), mas não se vê realmente em que eles permitem aos(as) professores(as) resolver os problemas com os quais são confrontados.

Com base em Mamede e Zimmermann (2005), assiste-se, no interior das pesquisas sobre Ensino de Ciências, à crescente utilização do conceito "letramento científico", que surge como uma alternativa ao conceito de "alfabetização científica", igualmente difundido. Ambos referem-se à discussão sobre a educação científica e os objetivos que a norteiam.

---

8. A análise que subsidia esta informação está presente na dissertação apresentada pela autora para o curso de mestrado em Sistemas de Gestão da Universidade Federal Fluminense (ver PIMENTEL, 2008).

Embora bastante próximos, os dois termos trazem em si algumas diferenças fundamentais, que levam a optar pelo conceito de letramento científico. As razões que fundamentam essa escolha podem ser encontradas nos significados dos termos.

Na realidade, os processos da alfabetização e do letramento, embora intimamente relacionados e mesmo indissociáveis, guardam especificidades, pois se referem a elementos distintos. A alfabetização refere-se a habilidades e conhecimentos que constituem a leitura e a escrita, no plano individual, ao passo que o termo letramento diz respeito às práticas efetivas de leitura e escrita no plano social.

Assim, uma pessoa letrada não é somente aquela que é capaz de decodificar a linguagem escrita, mas a que efetivamente faz uso desta tecnologia na vida social, de maneira mais ampla. A contribuição deste estudo é para que haja o letramento dos(as) alunos(as) da área rural, dentro de sua realidade local.

Esta afirmação coaduna com as questões discutidas na tese de mestrado da autora,[9] que apontou a necessidade de uma revisão não apenas dos conteúdos presentes nos títulos disponibilizados pelo programa nacional do livro didático, mas também com a revalidação das grades curriculares dos cursos em que os professores das áreas rurais são formados, para que possam contribuir, de fato, com uma mudança significativa do que é oferecido atualmente.

Como a pesquisa pautou-se nos projetos educacionais federais, em especial, o Programa de Educação para o Campo, foram levantadas as grades curriculares das universidades federais dos estados escolhidos com grande vocação agrícola — Minas Gerais, Mato Grosso e Paraná. Tal comparação demonstra que há uma similaridade relacionada com a disciplina denominada Ciências Naturais.

---

9. Ver Pimentel (2008).

*Direito ao ambiente como direito à vida*

**Quadro 1.** Disciplinas oferecidas pelas universidades federais dos estados de Minas Gerais, Mato Grosso e Paraná

| Estados | MG | MT | PR |
|---|---|---|---|
| Disciplinas | Fundamentação e Metodologia do Ensino de Ciências Naturais | Ciências Naturais e Metodologia do Ensino I | Metodologia do Ensino das Ciências Naturais |
| | Metodologia do Ensino de Ciências Biológicas | Ciências Naturais e Metodologia do Ensino II | |
| | Metodologia do Ensino de Ciências Físicas | Ciências Naturais e Metodologia do Ensino III | |

*Fonte*: Elaborado pela autora.

Infelizmente, não foi possível verificar a correlação prática entre o descrito na ementa das universidades e a realidade cotidiana. O que pôde ser percebido é que o conteúdo oferecido por essas disciplinas não permitia uma compreensão aprofundada dos enfoques epistemológicos das Ciências Naturais e suas contextualizações no campo educacional/social; nem permitia o desenvolvimento da capacidade de problematização das Ciências Naturais no campo social. Outro ponto considerado crítico foi a falta de compreensão dos conteúdos específicos das Ciências Naturais, numa abordagem interdisciplinar das Ciências: Físicas, Químicas, Biológicas, Geológicas e Ambientais, com preocupação de não fragmentação das ciências, apresentando-as dentro de uma perspectiva global, inseridas nas contextualizações sociais e pedagógicas.

O que se pretende privilegiar aqui é o desenvolvimento da capacidade de tomada de decisão por parte do(a) aluno(a) estando subsidiada em conhecimentos científicos, mas também em valores e aspectos éticos que não podem ser desconsiderados. É interessante destacar, ainda, que nesta perspectiva o(a) aluno(a) é levado(a) a pensar a própria natureza da ciência e de seu papel na sociedade (CHASSOT, 1998, apud SANTOS e SCHNETZLER) e, nesse sentido, a formação de professores(as) se constitui em um eixo fundamental para a transformação da realidade do ensino de Ciências, em nosso contexto educacional.

Como promover o letramento científico dos(as) alunos(as), se os(as) professores(as), em sua maioria, não são eles(as) próprios(as) letrados(as) cientificamente? Ou, ainda, se eles(as) compreendem a ciência como um conjunto de verdades que devem ser transmitidas aos(as) alunos(as) ou como um conjunto de técnicas e procedimentos de investigação, e não como uma prática social sócio-historicamente situada?

Mamede e Zimmermann (2005, p. 1) afirmam: "Uma pessoa letrada não é somente aquela que é capaz de decodificar a linguagem escrita, mas aquela que efetivamente faz uso desta tecnologia na vida social de uma maneira mais ampla".

As Diretrizes Curriculares Nacionais da Educação Básica destacam, entre outros, o princípio da contextualização como processo de enraizamento dos conceitos científicos na realidade vivenciada pelos(as) alunos(as), para produzir aprendizagens significativas.

Questiona-se, contudo, como ensinar Ciências, partindo-se diretamente das disciplinas científicas, se o contexto e as motivações de produção dessas e de seus conceitos são distintos do que caracteriza a escola; se os problemas propostos num e noutro também são diferentes?

A razão disso pode estar no fato de os(as) alunos(as) se encontrarem mais perto dos conhecimentos cotidianos, de tal modo que seus problemas, quando colocados, não são os da ciência. Por isso, é necessário construir uma ponte entre a ciência e o conhecimento cotidiano. Por se encontrarem a meio caminho entre esses dois extremos, os problemas escolares poderiam servir para construir essa ponte.

Na sua forma habitual, os problemas escolares, muitas vezes, consideram tacitamente que o(a) aluno(a) já está à margem da ciência, que esta desperta o seu interesse e que ele(a) quer resolver problemas científicos. Para um(a) aluno(a) que não se interessa pela ciência, que não se sente sintonizado com o seu discurso e suas maneiras de agir, os problemas escolares podem representar atividades artificiosas. Por isto, a pertinência de se partir da realidade concreta. Mas isso quer dizer ir além do contexto de vivência do(a) aluno(a) e superar o senso comum. Quanto se parte do contexto de vivência do(a) aluno(a), enfrentam-se concepções prévias, normalmente constituídas de representações errôneas ou limitadas quanto à explicação da realidade.

Mesmo sendo um importante meio de estimular a curiosidade do(a) aluno(a), ampliando e aprofundando seus conhecimentos, a pertinência de um processo ensino-aprendizagem contextualizado está condicionada à possibilidade de levar o(a) aluno(a) a ter consciência sobre seus modelos de explicação e compreensão da realidade. Permitirá também reconhecê-los como equivocados ou limitados, enfrentar o questionamento, colocá-los em xeque num processo de desconstrução de conceitos e reconstrução/apropriação de outros.

Se não enfrentada essa questão, corre-se o risco de considerar que a simples sistematização do conhecimento cotidiano seja suficiente para a aprendizagem. Por isso, um dos princípios que devem ordenar o ensino de Ciências é o confronto entre os saberes cotidianos e o conhecimento científico, visando à compreensão dos limites também dos saberes escolares. O segundo princípio é a formação dos(as) professores(as) de modo que nas instituições universitárias responsáveis pela sua formação, ou posteriormente, quando já em atuação em suas escolas, seja inserida nos planejamentos pedagógicos, a problematização dos fatos cotidianos, levando os(as) alunos(as) a indagações sobre o(s) porquê(s) dos acontecimentos e, assim, motivando-os(as) à reflexão sobre o fato para além de suas percepções cotidianas, normalmente estruturadas sobre o senso comum.

Com base nesse contexto, Delizoicov, Angotti e Pernambuco (2002) afirmam que essa defasagem, que exclui também o conhecimento do século XX em Ciências Naturais, implica mudanças estruturais e de atitude dos envolvidos nessa formação, para além das exigências legais mínimas, ainda que sejam frequentemente repropostas. Isso sem contar os inúmeros desafios — como a superação do senso comum pedagógico — que só reforçam o distanciamento do uso de modelos e teorias para a compreensão dos fenômenos naturais e daqueles oriundos das transformações humanas, caracterizando a ciência como um produto acabado e inquestionável, além da superação das insuficiências dos livros didáticos, que continuam prevalecendo como principal instrumento de trabalho do professor, embasando significativamente a prática docente.

Essa afirmação se coaduna com as questões discutidas, neste texto, que apontam para a necessidade de uma revisão não apenas dos currículos dos cursos onde os(as) professores(as), em especial, das áreas rurais são formados(as), mas também dos conteúdos presentes nos títulos disponibilizados pelo Programa Nacional do Livro Didático (BRASIL, 2007). Sem isso não se pode contribuir, de fato, para uma mudança significativa do que é oferecido atualmente.

## 7. ANÁLISE DE LIVROS DIDÁTICOS

Segundo Delizoicov, Angotti e Pernambuco (2002), um dos cinco desafios a serem resolvidos, para a melhora da qualidade do ensino de Ciências, é a superação das insuficiências dos livros didáticos. Estes, ao lado de currículos, programas e outros materiais didáticos, instituíram-se, historicamente, como um dos instrumentos para assegurar a aquisição de saberes e competências.

Seu uso, contudo, vem causando polêmica entre estudiosos(as) da área, bem como entre os(as) próprios(as) professores(as).

*Direito ao ambiente como direito à vida*

Alguns(mas) consideram importante o seu uso, pois auxilia na condução do processo de ensino e aprendizagem; já outros(as) pensam que sua adoção limita a criatividade do(a) professor(a) e dos(as) alunos(as).

Deste modo, o debate torna-se mais profícuo para a educação no campo, pois geralmente, o conteúdo desses livros aborda temas atinentes à vida urbana.

Mais do que necessário, é imperativo o uso crítico e consciente do livro didático pelo docente de Ciências Naturais de todos os níveis de escolaridade, particularmente no segmento do primeiro e do segundo ciclos do ensino fundamental, visto a baixa escolaridade no campo. As tensões, injunções e interesses, também comerciais, desse universo só reforçam a necessidade de estar alerta para seu uso crítico e consciente.

Em um processo pouco dinâmico como o que se estabelece no sistema tradicional de ensino de Ciências, cria-se um círculo vicioso: o(a) professor(a) torna-se um(a) reprodutor(a) desses mitos e imagens errôneas e passa, ele(a) também, a acreditar neles. O resultado é que, para os(as) alunos(as), a Ciência ensinada na escola acaba sendo desinteressante, pouco útil e muito difícil.

Segundo o próprio guia de avaliação dos livros didáticos de Ciências para as séries iniciais do ensino fundamental, todos os livros apresentam problemas e o(a) professor(a) deve estar sempre atento para trabalhar eventuais incorreções.

Na análise realizada em 2008 nas 12 coleções para o ensino de Ciências, avaliadas pelo Programa Nacional do Livro Didático em 2007, são alarmantes as incorreções e preconceitos. Mas nada se compara à irresponsabilidade e à superficialidade como são tratados os aspectos ambientais das atividades relacionadas com o cotidiano do(a) profissional do campo, sejam resultantes da agricultura familiar ou do agronegócio.

Ganharam uma análise mais robusta 7 das 12 coleções. A escolha se deu pelo fato de que seus 28 livros foram os mais utilizados pelas escolas dos municípios dos três estados com alta vocação agrícola: Minas Gerais, Mato Grosso e Paraná. Poucas são as citações sobre a vida no campo e, geralmente, quando ocorrem, refletem o aspecto bucólico da vida, com brincadeiras, pescarias, crianças brincando felizes... A visão distorcida e desconexa com o cotidiano da família rural repete-se nos assuntos relacionados com tratamento de água, cuidados com o solo e atividades econômicas rurais.

Como exemplo, apenas em uma das páginas dos 28 livros analisados cita-se o gravíssimo problema de contaminação por agrotóxico, preocupando-se apenas em orientar o usuário sobre a forma correta de se descartar as embalagens contaminadas.

**Infelizmente, um magistério despreparado, de cultura disciplinar e mal remunerado não tem as condições mínimas essenciais para escolha e uso críticos do livro didático, o que acaba fazendo circular, nas mãos e cabeças de professores e de alunos, livros que informam mal, que veiculam comportamentos, valores e conteúdos inadequados e estereotipados.**

## 8. A EDUCAÇÃO COMO ESPERANÇA DE SUPERAÇÃO DA CRISE AMBIENTAL

Talvez as escolas imaginem que as mudanças do mundo atual são coisas externas que não têm nenhum reflexo em seu ambiente interno e na definição de suas ações (MEZOMO, 1994, p. 147).

Infelizmente, há na sociedade brasileira uma dificuldade em relacionar o nosso modelo de desenvolvimento com a degradação ambiental, ou mesmo que os problemas ambientais têm suas raízes nas questões sociais, econômicas, culturais, de forma que

*Direito ao ambiente como direito à vida*

uma afeta as demais e que, consequentemente, não há como tratá-las de modo dissociado.

Apesar de o modelo cartesiano/reducionista, adotado pela nossa sociedade, nos orientar para uma visão fragmentada de mundo e nos impedir o conhecimento do todo, já se compreendeu a necessidade de uma mudança. Afinal, a relação antropocêntrica com a natureza — como se o ser humano estivesse acima ou dela não fizesse parte, colocando-a a seu inteiro dispor — vem levando ao uso, sem precedentes, dos recursos naturais, tidos erroneamente como inesgotáveis.

Até mesmo a antiga divisão entre recurso natural renovável e não renovável precisa ser revista, baseando-se na constatação de que a água e o solo, antes vistos como renováveis, hoje deveriam, em alguns casos, pertencer a uma nova categoria: a de potencialmente renovável. Esse fenômeno se deve, em especial, graças ao nível de comprometimento da qualidade que, de tão grave, fica inviável financeiramente de ser recuperado e reutilizado. Como exemplo, temos a inserção de espécies exóticas de capim no bioma campos sulinos, a contaminação de lençóis freáticos e a desertificação de áreas antes agricultáveis.

No mundo de hoje, não faltam situações ou condições que despertem desconforto ou indignação, o que deveria, por sua vez, redundar em inconformismo. Todos os dias são informações que assustam, apavoram e cobram mudanças, muitas vezes bruscas, de atitudes e valores. E vem crescendo o número de pessoas que, conscientes das realidades mundiais, compreendem os efeitos das ações individuais e coletivas para cada um e para todo o planeta. "Estamos avançando para uma nova ética mundial, que transcende todos os sistemas de lealdade e crenças, uma ética que tem suas raízes na consciência do caráter inter-relacionado e sagrado da vida" (BRASIL, 1999).

A relação da agricultura familiar e do agronegócio, com os problemas ambientais, está cada vez mais clara, e a visão reducionista e fragmentada já não mais consegue explicar e solucionar os problemas, apontando para a urgência de uma mudança de paradigma. É preciso evoluir para uma visão de mundo sistêmica, que entenda o problema no todo, bem como suas relações.

Além de uma nova contextualização do próprio conceito de desenvolvimento e do consenso acerca do nosso dever para com as gerações futuras e dos limites que o meio ambiente impõe, a contemporaneidade aponta para a urgência de transformações profundas nas visões tradicionais sobre estratégias de desenvolvimento.

Oferecer uma educação formativa, em vez de informativa, será decisivo e fundamental, no sentido de preparar as crianças para um mundo inimaginável em termos tecnológicos e com demandas crescentes no campo dos direitos humanos. Entre eles, o mais grave será o desafio de prover alimentação com níveis proteicos adequados para os mais de nove bilhões de habitantes até 2050.

Na perspectiva de uma educação participativa, o indivíduo e a coletividade deveriam construir valores sociais, adquirir conhecimentos, desenvolver atitudes e competências voltadas para a conquista e a manutenção do direito ao meio ambiente, ecologicamente equilibrado.

A instituição escolar é o espaço viável para trabalhar as questões ambientais, de forma integrada com a comunidade. Deve-se agir primeiramente em relação a valores, atitudes e comportamentos dos indivíduos e grupos, em relação a seu meio ambiente. Essa premissa faz jus ao lema "pensar globalmente e agir localmente".[10]

As propostas, nesse campo, referenciam o(a) professor(a) como o(a) principal agente promotor(a) da educação. Na minha prática cotidiana, nas discussões com professores(as), percebo

---

10. Maiores informações, ler sobre a Agenda 21 (BRASIL, 2004).

*Direito ao ambiente como direito à vida*

certo embasamento de conceitos ligados à natureza, mas uma carência de visão mais sistêmica, a ponto de não se incluírem como parte da natureza, quando instigados(das) a conceituá-la. Tratar o ser humano e a natureza como se pertencessem a dois mundos diferentes é um legado da nossa cultura, inculcado pelas instituições de ensino, pela mídia e por políticas públicas.

Felizmente, no entanto, esse quadro parece que vem aos poucos se transformando, pena que a uma velocidade menor do que aquela que o planeta necessita.

## CONCLUSÃO

As ideias que defendo aqui não são tanto ideias que possuo, mas, sobretudo, ideias que me possuem (MORIN, 2000, p. 32).

Na prática, em nome da universalização da educação mal--entendida, se está "educando" as crianças do meio rural para que admirem um mundo que não é seu, com toda a carga de valores e ilusões que isto significa.

Uma educação radicalmente repensada poderia constituir--se na peça mestra da reconstrução planetária que os problemas ambientais vêm impondo. Até agora, por intermédio da instituição escolar, as sociedades industriais e capitalistas produziram pessoas valorizadas para os fins dessas sociedades. Mas, perante a envergadura e a acuidade do problema ambiental, o mundo da educação deveria ser chamado a participar desse imenso desafio, o de contribuir para desenvolver corresponsabilidades.

As políticas educacionais para as crianças e jovens do campo, em pouquíssimos casos, levam em consideração as especificidades históricas, sociais, culturais e ecológicas da vida de um país de dimensões continentais.

Pensar o desenvolvimento rural para o Brasil implica, portanto, definir que caminho perseguir, que políticas devem ser acionadas para contextos tão diferenciados e específicos.

Não se pretende focar a educação do futuro "trabalhador rural", já que esta categoria esconde a pressuposição de que quem vive no campo ou trabalha na agricultura é apenas trabalhador(a) e nada mais. Raramente, se pensa no(a) homem(mulher) do campo como preservador(a) e criador(a) de cultura, como agente dinâmico do processo social e cultural. Consequentemente, a ideologia educacional acaba por desvalorizar o mundo e o trabalho rural.

Espera-se que este texto tenha explicitado a relevante importância do(a) produtor(a) rural na defesa do meio ambiente. O fato de morar e trabalhar tão próximo da "natureza" faz com que sinta, com mais intensidade e de maneira muito complexa, o próprio desequilíbrio ecológico que ele(a), trabalhador(a) do campo, causa. Entretanto, não se pode jogar sobre seus ombros, só pelo fato de ser o(a) morador(a) da terra, obrigações que não lhe cabem e competências que ele(a) não adquiriu. Muito menos aquelas que o ordenamento jurídico do país lhe impõe como a preservação de mata ciliar, o percentual de reserva legal etc. Fora dessa premissa, a efetiva solução dos problemas ambientais no campo caminharia na contramão do real objetivo da própria preservação ambiental, que só será bem-sucedida se contar com a colaboração consciente de todos, sem a vitimização do(a) morador(a) do campo e a condenação sumária do(a) morador(a) da cidade.

O futuro e a sustentabilidade do rural nacional dependem, de forma crucial, da capacidade e da possibilidade de seus(suas) trabalhadores(as) rurais aproveitarem e potencializarem oportunidades decorrentes das possíveis vantagens associadas à organização muitas vezes familiar da produção e, ao mesmo tempo, neutralizarem ou reduzirem desvantagens competitivas entre elas e os impactos ambientais que causam.

*Direito ao ambiente como direito à vida* 203

# REFERÊNCIAS

ANDRADE, Adalberto Bello. *Declaração Universal dos Direitos das Plantas*. Disponível em: <http://www.dhnet.org.br/direitos/deconu/abc/dec_universal_direitos_plantas.htm>. Acesso em: 31 ago. 2014.

ARROYO, Miguel G.; CALDART, Roseli Salete; MOLINA, Mônica Castagna (Org.). *Por uma educação do campo*. Petrópolis: Vozes, 2004.

BARBOSA, Maria Carmen Silveira et al. *Oferta e demanda de educação infantil no campo*. Porto Alegre: Evangraf, 2012.

BENEDICT, Katherine Cilae. *Educação ambiental no 1º segmento do ensino fundamental*: cadê você? Monografia (Aperfeiçoamento/Especialização em Educação Ambiental) — Pontifícia Universidade Católica, Rio de Janeiro, 2007.

BIBLIA *ON-LINE*. *Gênesis 1*. Disponível em: <http://www.bibliaonline.com.br/acf/gn/1>. Acesso em: 31 ago. 2014.

BIN, Adriana. *Agricultura e meio ambiente*: contexto e iniciativas da pesquisa pública. Dissertação (Mestrado em Meio Ambiente) — Instituto de Geociências, Universidade Estadual de Campinas, Campinas, 2004.

BRANDÃO, Carlos Rodrigues. *Educação*: a relação entre a cultura do campo e a escola rural. São Paulo: FTD, 1996.

BRASIL. Lei n. 9.795. Política Nacional de Educação Ambiental, 1999. Disponível em: <http://www.mma.gov.br/port/conama/legiabre.cfm?codlegi=321>. Acesso em: 19 nov. 2013.

_____. *Agenda 21 brasileira*: resultado da consulta nacional. Comissão de Políticas de Desenvolvimento Sustentável e da Agenda 21 Nacional. 2. ed. Brasília: Ministério do Meio Ambiente, 2004. 158 p.

_____. Programa Nacional do Livro Didático (PNLD), 2007.

_____. Programa Nacional de Educação Ambiental (ProNEA). Brasília: Ministério de Meio Ambiente, 2005. Disponível em: <http://portal.mec.gov.br/index.php?option=com_content&id=12991:diretrizes-curriculares-cursos--de-graduacao>.

_____. *Guia de livros didáticos*: PNLD 2013: Ciências. Brasília: Ministério da Educação, Secretaria de Educação Básica, 2012.

BRASIL. *Guia de livros didáticos*: PNLD Campo 2013: Guia de Livros. Brasília: Ministério da Educação, Secretaria de Educação Continuada, Alfabetização, Diversidade e Inclusão, 2012.

_____. Parâmetros Curriculares Nacionais (PCN). *Ciências Naturais*, v. 4, 2007. Disponível em: ‹http://portal.mec.gov.br/seb/arquivos/pdf/livro04.pdf›. Acesso em: 28 mar. 2013.

_____. Parâmetros Curriculares Nacionais (PCN). *Temas Transversais* — Meio Ambiente, v. 10.3, 2007. Disponível em: ‹http://portal.mec.gov.br/seb/arquivos/pdf/livro091.pdf›. Acesso em: 28 mar. 2013.

_____. Diretrizes Curriculares Nacionais da Educação Básica. Brasília: Ministério de Meio Ambiente, 2013. Disponível em: ‹portal.mec.gov.br/index.php?option=com_docman&task›. Acesso em: 28 mar. 2013.

_____. Resolução Conama. Disponível em: ‹http://www.mma.gov.br/port/conama/res/res86/res0186.html›. Acesso em: 19 nov. 2013.

_____. *Guia de livros didáticos*: PNLD 2014: Ciências: ensino fundamental: anos finais. Brasília: Ministério da Educação.

CARRANCA, Flávio. *Na escola rural, realidade urbana*: ensino nas áreas agrícolas não leva em conta a vida do campo, 2006. Disponível em: ‹http://germinai.wordpress.com/2009/01/11/›. Acesso em: 20 set. 2013.

CHARLOT, Bernard. *Relação com o saber, formação dos professores e globalização*: questões para a educação de hoje. Porto Alegre: Artmed, 2005.

CHASSOT, Attico (Org.). Ciência, ética e cultura na educação. São Leopoldo: Ed. Unisinos, 1998; apud SANTOS, Wildson Luiz Pereira; SCHNETZLER, Roseli Pacheco. *Ciência e educação para a cidadania*.

DELIZOICOV, Demétrio; ANGOTTI, José André; PERNAMBUCO, Marta Maria. *Ensino de ciências:* fundamentos e métodos. São Paulo: Cortez, 2002.

GADOTTI, Moacir. Perspectivas atuais da educação. *Perspectiva* [on-line], São Paulo, v. 14, n. 2, p. 3-11, 2000. Disponível em: ‹http://www.scielo.br/pdf/spp/v14n2/9782.pdf›. Acesso em: 31 ago. 2014.

GONÇALVES, Carlos Walter Porto. *Os (des)caminhos do meio ambiente*. São Paulo: Contexto, 2006.

GONÇALVES, Gustavo Bruno Bicalho. *Trabalho docente na escuela nueva e na escola ativa*: um estudo comparado da reforma educacional no campo. In:

*Direito ao ambiente como direito à vida*

ENCUENTRO LATINOAMERICANO DE ESTUDIOS COMPARADOS EN EDUCACIÓN, 1., Buenos Aires, 2007.

GRÜN, Mauro. *Ética e educação ambiental*: a conexão necessária. Campinas: Papirus, 1996.

INSTITUTO BRASILEIRO DE GEOGRAFIA E ESTATÍSTICA (IBGE). *PIB municipal*. Disponível em: <http://www.ibge.gov.br/home/estatistica/economia/pibmunicipios/2011/default_pdf.shtm>. Acesso em: 31 ago. 2014.

INSTITUTO BRASILEIRO DE GEOGRAFIA E ESTATÍSTICA (IBGE). Pesquisa Nacional por Amostra de Domicílios (PNAD), 2007. Disponível em: <http://www.ibge.gov.br/home/estatistica/populacao/trabalhoerendimento/pnad2007/graficos_pdf.pdf>. Acesso em: 31 ago. 2014.

LACKI, Polan. *O fracasso de uma educação, rural e urbana, que oferece o circo antes do pão*, 2006. Disponível em: <http://www.polanlacki.com.br/br/artigosbr/artigopaoecirco.htm>. Acesso em: 31 ago. 2014.

LOVELOCK, James. *A vingança de Gaia*. Rio de Janeiro: Intrínseca, 2006.

MAMEDE, Maíra; ZIMMERMANN, Erika. *Letramento científico e CTS na formação de professores para o ensino de ciências*. In: CONGRESO ENSEÑANZA DE LAS CIENCIAS, 7., número extra, 2005.

MEZOMO, J. C. *Educação e qualidade total*: a escola volta às aulas. Petrópolis: Vozes, 1997.

MORIN, Edgar. *Os sete saberes necessários à educação do futuro*. São Paulo: Cortez; Brasília: Unesco, 2000.

NEY, Marlon Gomes. *Educação e desigualdade de renda no meio rural brasileiro*. Tese (Doutorado em Economia Aplicada) — Universidade Estadual de Campinas, Campinas, 2006. Disponível em: <http://www.bibliotecadigital.unicamp.br/document/?code=vtls000386109>. Acesso em: 31 ago. 2014.

ORGANIZAÇÃO DAS NAÇÕES UNIDAS (ONU). *Declaração Universal dos Direitos Humanos*. Disponível em: <http://portal.mj.gov.br/sedh/ct/legis_intern/ddh_bib_inter_universal.htm>. Acesso em: 31 ago. 2014.

_____. *Declaração Universal dos Direitos dos Animais*. Unesco, 1978. Disponível em: <http://www.forumnacional.com.br/declaracao_universal_dos_direitos_dos_animais.pdf>. Acesso em: 5 dez. 2013.

ORGANIZAÇÃO DAS NAÇÕES UNIDAS (ONU). *Declaração Universal dos Direitos da Mãe Terra,* 2010. Disponível em: <http://rio20.net/pt-br/propuestas/declaracao-universal-dos-direitos-da-mae-terra/>. Acesso em: 5 dez. 2013.

_____. *Declaração Mundial sobre Educação para Todos.* Conferência de Jomtien, Unicef, 1990. Disponível em: <http://www.unicef.org/brazil/pt/resources_10230.htm/>. Acesso em: 5 dez. 2013.

PEREIRA, Sônia. Espaços de participação e escolarização de trabalhadores rurais: construção ou destituição do direito à educação no campo? *Revista Brasileira de Educação,* v. 12, n. 35, maio/ago. 2007. Disponível em: <http://www.scielo.br/pdf/rbedu/v12n35/a14v1235.pdf>. Acesso em: 5 maio 2013.

PIETROCOLA, Maurício et al. As ilhas de racionalidade e o saber significativo: o ensino de Ciências através de projetos. *Ensaio, Pesquisa em Educação em Ciências,* Belo Horizonte, v. 2, n. 1, 2000.

PIMENTEL, Dilma L. C. S. *A educação de base na promoção da sustentabilidade ambiental do agronegócio brasileiro.* Dissertação (Mestrado) — Universidade Federal Fluminense, Niterói, 2008.

PINTO, José Marcelino de Rezende. Financiamento da educação no Brasil: um balanço do governo FHC (1995-2002*). Educ. Soc.,* Campinas, v. 23, n. 80, 2002. Disponível em: <www.scielo.br/scielo>. Acesso em: 13 nov. 2013.

RIBEIRO, Marlene. Pedagogia da alternância na educação rural/do campo: projetos em disputa. Universidade Federal do Rio Grande do Sul. *Educação e Pesquisa,* São Paulo, v. 34, n. 1, p. 27-45, jan./abr. 2008.

SÁNCHEZ, Luis Enrique. *Avaliação de impacto ambiental*: conceitos e métodos. São Paulo: Oficina de Textos, 2008.

SERVIÇO BRASILEIRO DE APOIO ÀS MICRO E PEQUENAS EMPRESAS (Sebrae). *Perfil do produtor rural,* 2012. (Série Estudos e Pesquisas.) Disponível em: <http://www.sebrae.com.br/Sebrae/Portal%20Sebrae/Anexos/perfil_do_produtor_rural_-2012_.pdf>. Acesso em: 31 ago. 2014.

TIRIBA, Léa. *Crianças, natureza e educação infantil.* Tese (Doutorado em Educação) — Departamento de Educação, Pontifícia Universidade Católica, Rio de Janeiro, 2005.

*Direito ao ambiente como direito à vida* **207**

VEIGA, José Eli. *A história não os absolverá nem a geografia*. São Paulo: Armazém do Ipê, 2005.

ZUCCHETTI, Dinora Tereza; BERGAMASCHI, Maria Aparecida. Construções sociais da infância e da juventude. *Cadernos de Educação Pelotas*, n. 28, p. 213-34, jan./jun. 2007. Disponível em: <http://periodicos.ufpel.edu.br/ojs2/index.php/caduc/article/viewFile/1801/1681>. Acesso em: 31 ago. 2014.

# ESTAÇÃO DO(A) PROFESSOR(A)

# Cinedica

---

Título: **A história das coisas**  Ano: 2007
Gênero: Animação  Duração: 20 minutos
Direção: Annie Leonard

**TEMA:** Esta animação explica de maneira simples e brilhante a razão pela qual vivemos em uma civilização em crise: trata-se de um sistema de produção linear em um planeta com recursos finitos. Annie aponta alternativas e alerta: ilusão não é pensar que podemos transformar o mundo, mas achar que podemos continuar nos relacionando com a natureza da forma irresponsável e predatória como temos feito ao longo da história.

**Disponível em:** ‹http://www.youtube.com/watch?v=7qFiGMSnNjw›.

---

Título: **Criança, a alma do negócio**  Ano: 2008
Gênero: Documentário  Duração: 50 minutos
Direção: Estela Renner

**TEMA:** Mostra como no Brasil o público infantil se tornou alvo preferencial da publicidade. As crianças são bombardeadas por mensagens que estimulam o consumo e que falam diretamente com elas. Trata como a sociedade de consumo e as mídias de massa impactam na formação de crianças e adolescentes.

**Disponível em:** ‹http://criancas.uol.com.br/ultnot/multi/2009/02/26/04023964D8A17326.jhtm?crianca-aalma-do-negocio--04023964D8A17326›.

Título: **Escolarizando o mundo**
Ano: 2013
Gênero: Documentário
Duração: 20 minutos
Direção: Carol Black

**TEMA:** Annie Leonard apresenta didática e sinteticamente — através de ilustrações simpáticas — o processo da extração, fabricação, distribuição, consumo e despejo das coisas vistas de uma forma clássica e aqui de maneira diferente. E os instrumentos políticos e midiáticos envolvidos nisso, bem como as corporações. Mostra a visão da sociedade de consumo, influenciada pela mídia, que leva valores de consumo como os primordiais.

**Disponível em:** ‹http://www.youtube.com/watch?v=6t_HN95-Urs›.

---

Título: **Abuela Grillo**
Ano: 2013
Gênero: Animação
Duração: 13 minutos
Direção: "The Animation Workshop"

**TEMA:** *Abuela Grillo* é um pequeno filme de animação, baseado numa fábula Ayorea (povo indígena boliviano). É uma preciosa animação sobre a água e o direito de todos de dispor dela, em que as questões socioambientais afloram, a partir do conhecimento ancestral.

**Disponível em:** ‹http://www.youtube.com/watch?v=31RKdDRJ_VU›.

---

Título: **Tainá – uma aventura na Amazônia** [infantil]
Ano: 2000
Gênero: Drama, ação
Duração: 90 minutos
Direção: Tânia Lamarca e Sérgio Bloch

**TEMA:** Tainá é uma indiazinha de 8 anos, vive na Amazônia com seu velho e sábio avô Tigê, que lhe ensina as lendas e histórias de seu povo. Ao longo de aventuras cheias de peripécias, ela conhece o macaco Catu ao salvá-lo das garras de Shoba, um traficante de animais. Perseguida pela quadrilha, ela foge e acaba conhecendo a bióloga Isabel e seu filho Joninho, um menino de 10 anos que mora a contragosto na selva. Depois de um desentendimento inicial, o garoto consegue superar os limites de menino da cidade e ajuda Tainá a enfrentar os contrabandistas, que vendem animais para pesquisas genéticas no exterior.

*Direito ao ambiente como direito à vida*

Juntos, os dois aprendem a lidar com os valores destes dois mundos: o da selva e o da cidade.

**Disponível em:** ‹www.filmesonlinegratis.net›.

---

Título: **O ponto de mutação**   Ano: 1991
Gênero: Ficção   Duração: 111 minutos
Direção: Bernt A. Capra

**TEMA:** Uma cientista (Liv Ullmann), um político (Sam Waterston) e um poeta (John Heard) discutem a "perspectiva da crise atual", que vem da descoberta, na física, de que o velho modo "mecaniscista" de olhar a vida (pensando sobre a existência das coisas em termos de seus componentes) poderia ser substituído por uma visão mais holística.

**Disponível em:** ‹http://www.youtube.com/watch?v=7tVsIZSpOdI›.

---

Título: **Microcosmos: fantástica aventura da natureza**   Ano: 1996
Gênero: Documentário   Duração: 75 minutos
Direção: Claude Nuridsany e Marie Pérennou

**TEMA:** Através de microcâmeras de alta definição, aventure-se num mundo desconhecido, onde minúsculos seres vivos habitam e interagem com a natureza. O ciclo da vida — nascimento, transformação, comida, luta pela sobrevivência, acasalamento e morte — faz parte do cotidiano de cada uma dessas criaturas. Uma jornada inesquecível que tem como personagens principais os insetos.

**Disponível em:** ‹http://www.youtube.com/watch?v=zLVoY2iLPmo›.

---

Título: **A vida secreta das plantas**   Ano: 1995
Gênero: Documentário   Duração: 40 minutos
Direção: BBC

**TEMA:** A incrível superação das plantas selvagens é o foco desse documentário. Através de imagens belíssimas, *A vida secreta das plantas* nos mostra como essas plantas conseguem sobreviver em territórios adversos. Apesar dos esforços do homem para destruí-las, muitas se desenvolvem em ambientes instáveis e imprevisíveis. Esse documentário revela os incríveis segredos que essas plantas escondem e que farão com que elas ainda prosperem durante muito tempo.

**Disponível em:** ‹http://www.youtube.com/user/univesptv›.

---

Título: **Ilha das flores**          Ano: 1989
Gênero: Documentário          Duração: 13 minutos
Direção: Jorge Furtado

**TEMA:** A Ilha das Flores está localizada à margem esquerda do rio Guaíba, a poucos quilômetros de Porto Alegre. Para lá é levada grande parte do lixo produzido na capital. Este lixo é depositado num terreno de propriedade de criadores de porcos. Logo que o lixo é descarregado dos caminhões, os empregados separam parte dele para o consumo dos porcos. Durante este processo começam a se formar filas de crianças e mulheres do lado de fora da cerca, a espera da sobra do lixo, que utilizam para alimentação.

**Disponível em:** ‹http://www.casacinepoa.com.br›.

---

Título: **O mundo secreto dos jardins** [série de 38 vídeos]          Ano: 2002
Gênero: Documentário          Duração: 300 minutos
Direção: Susan Fleming

**TEMA:** Uma série de 38 vídeos que mostra o complexo ecossistema de nossos jardins. Usando lentes macro e fotografia espetacular, exploramos a vida secreta que está bem embaixo de nossos narizes, nos jardins comuns das casas. Acompanhamos o ciclo da vida durante um ano e testemunhamos as defesas, os rituais e as curiosidades da fauna e flora durante as quatro estações.

**Disponível em:** ‹http://sabertv.com.br/repositorio/series/serie.aspx?serieId=99›.

---

Título: **O mundo secreto das formigas** [apresentado em 6 partes]          Ano: 2004
Gênero: Documentário          Duração: 55 min
Direção: Wolfgang Thaler

**TEMA:** O documentário nos coloca face a face com o mundo misterioso destes insetos sociais. Graças à tecnologia mais avançada, podemos

*Direito ao ambiente como direito à vida*  215

chegar bem próximo da vida das formigas e, assim, vê-las bem de perto e perceber os detalhes delas. Além disso, aprendemos um pouco mais sobre seu hábitat e costumes.

**Disponível em:** ‹http://www.youtube.com/watch?v=IeS1TcvuXNA& list=PLouuQeTpjYaKqNYbAX1NZR_YiMWLtkb-Y›.

---

Título: **Origens da vida – o início de tudo**　　　　　　Ano: 2012
Gênero: Documentário　　　　　　　　　　　　　　　Duração: 50 minutos
Direção: National History

**TEMA:** O filme mostra o trabalho de vários cientistas que partiram à procura do primeiro ser vivo que esteve na origem da vida na Terra. Qual foi o primeiro animal a habitar a Terra? Somos todos descendentes dessa criatura? Como explicar a impressionante diversidade de espécies que hoje toma conta do planeta? Encontre respostas para essas e outras perguntas nesta eletrizante coleção.

**Disponível em:** ‹http://www.youtube.com/watch?v=6i4GCCgosdI›.

---

Título: **Pequenos monstros – 1**　　　　　　　　　　Ano: 2010
Gênero: Documentário　　　　　　　　　　　　　　　Duração: 48 minutos
Direção: BBC

**TEMA:** O primeiro DVD da série Pequenos monstros, de *Superinteressante* e BBC, mostra os estranhos hábitos dos invertebrados que vivem na terra, como e por que os animais ganharam asas, e a maior invenção dos invertebrados, a seda.

**Disponível em:** ‹http://planetasustentavel.abril.com.br/video/trailers/ superinteressante/pequenos-monstros-filme-1-8eb8a9ffb0a-4b809566b60c6204ffb73.shtml›.

---

Título: **Narradores de Javé**　　　　　　　　　　　　Ano: 2003
Gênero: Drama　　　　　　　　　　　　　　　　　　Duração: 42 minutos
Direção: Eliane Caffé

**TEMA:** A pequena cidade de Javé será submersa pelas águas de uma represa. Seus moradores não serão indenizados e não foram sequer notificados porque não possuem registros nem documentos das terras. Inconformados, descobrem que o local poderia ser preservado se tivesse um patrimônio histórico de valor comprovado em "documento científico". Decidem então escrever a história da cidade — mas poucos sabem ler e só um morador, o carteiro, sabe escrever. Depois disso, o que se vê é uma tremenda confusão, pois todos procuram Antônio Biá, o "autor" da obra de cunho histórico, para acrescentar algumas linhas e ter o seu nome citado.

**Disponível em:** <http://www.youtube.com/watch?v=rMLLtKrVOZg>.

---

Título: **O veneno está na mesa**                         Ano: 2011
Gênero: Documentário                                      Duração: 50 minutos
Direção: Silvio Tendler

**TEMA:** O Brasil é o país do mundo que mais consome agrotóxicos: 5,2 litros/ano por habitante. Muitos desses herbicidas, fungicidas e pesticidas que consumimos estão proibidos em quase todo mundo pelo risco que representam à saúde pública. O perigo é tanto para os trabalhadores, que manipulam os venenos, quanto para os cidadãos, que consumem os produtos agrícolas. Só quem lucra são as transnacionais que fabricam os agrotóxicos. A ideia do filme é mostrar à população como estamos nos alimentando mal e perigosamente, por conta de um modelo agrário perverso, baseado no agronegócio.

**Disponível em:** <http://www.youtube.com/watch?v=8RVAgD44AGg>.

---

Título: **A invenção da infância**                        Ano: 2000
Gênero: Documentário                                      Duração: 26 minutos
Direção: Liliana Sulzback

**TEMA:** O vídeo apresenta em uma linguagem dinâmica as diferentes concepções de infância, sobretudo no contexto nacional. Inclui comparação de estilos de vida de diferentes crianças urbanas, rurais, ricas e pobres, que por meio de depoimentos relatam suas dificuldades, sonhos e expectativas de vida.

**Disponível em:** <cineedu.com.br/filmes/a-invencao-da-infancia/>.

*Direito ao ambiente como direito à vida*

---

Título: **Crianças invisíveis**  Ano: 2005
Gênero: Curtas [ficção]  Duração: 116 minutos
Direção: Ridley Scott, Spike Lee, John Woo e outros

**TEMA:** O vídeo apresenta diferentes histórias de crianças em distintos contextos e países. Excelente panorâmica sobre as diferentes infâncias no mundo, com destaque para as crianças vítimas de exploração e participantes de conflitos armados. Trata também de emoções próprias da infância que interferem na vida e no comportamento de adultos.

**Disponível em:** ‹www.youtube.com/watch?v=IxmBRrbEhFA›.

---

Título: **Documentários Story of Stuff**  Ano: 2007 a 2014
Gênero: Documentário  Duração: Vários documentários entre 10 e 20 minutos
Direção: Louis Fox

**TEMA:** Os documentários que compõem a série denominada *História das coisas* foram escritos pelos ambientalistas Annie Leonard e Jonah Sachs. Utilizando o formato de animação, as histórias explicam de uma forma inovadora como funciona o sistema capitalista e o impacto que ele gera no ambiente. Apesar de produzidos em língua inglesa, já existem versões traduzidas no Youtube. Entre os filmes produzidos, destacam-se: o filme que deu origem à série, *História das coisas*, além de *História dos cosméticos*, *História da água engarrafada*, *História do mercado de carbono* e *História dos eletrônicos*.

**Disponível em:** ‹http://storyofstuff.org/movies/›.

# Webdica

**Título: Escola Inkiri (Ecovila Piracanga/BA)**

**TEMA:** A escola de Piracanga é um exemplo de uma nova experiência de aprendizagem, liderada por princípios espirituais, baseada na liberdade de escolha de cada criança, para seguir o seu destino com total apoio e respeito. Não interessam os sucessos acadêmicos, vestibulares ou competição, mas cooperação, em que as crianças aprendam a acreditar nos seus sonhos e os vivam com coragem e integridade.

**Disponível em:** <http://www.youtube.com/watch?v=nL8YSx8Ya2o>.

**Título: Escola Caminho do Meio (Viamão/RS)**

**TEMA:** A felicidade é o que todos os seres desejam, aspiram, e o horizonte implícito de qualquer educação. Na Escola Caminho do Meio, esse foco é claro, na medida em que a abordagem pedagógica se baseia na identificação e promoção das causas da felicidade. O budismo, fonte de inspiração para a Escola Caminho do Meio, é uma tradição que tem como foco a descrição das causas da felicidade e como podemos torná-la possível e plena.

**Disponível em:** <http://www.youtube.com/watch?v=-aOz9tZ01-I>.

**Título: Escola Rural Dendê da Serra (BA)**

**TEMA:** A Escola Rural Dendê da Serra está situada no litoral sul da Bahia e oferece para as crianças da região um ensino orientado pela Pedagogia

Waldorf, desde o jardim de infância até a 8ª série (9º ano) do ensino fundamental.

**Disponível em:** <http://www.youtube.com/watch?v=CKVSWKislpI>.

### Título: Tierra de niños (Peru)

**TEMA:** A construção de uma nova escola na comunidade de Huarirumi, em Anchonga, foi um dos vários programas de Cuidado com a Comunidade realizados pela SKF Peru. Huarirumi é uma área onde as pessoas estão expostas à pobreza e a taxa de analfabetismo é alta. A aldeia sofreu um terremoto em 2007 e a escola antiga foi destruída.

**Disponível em:** <http://www.youtube.com/watch?v=XkCOSf44fOg>.

### Título: IPEC – Programa Escola Sustentável (GO)

**TEMA:** O programa *Hábitats — sua Escola Sustentável*, do Ecocentro Ipec, tem como objetivo principal implementar no terreno da escola, hábitats, ou seja, locais habitáveis, laboratórios vivos de aprendizado ao ar livre em constante mudança, que ofereçam componentes essenciais para a sustentabilidade, experiências e oportunidades de aprendizado para todas as idades, e assim certificar a escola como sustentável. É a educação para o futuro sustentável em ação, pois as atividades podem ser realizadas em todas as disciplinas, de tal forma que os objetivos são alcançados enquanto todos discutem e planejam uma forma de viver sustentavelmente, como cidadãos locais na comunidade global. Isto pode ser feito com módulos interdisciplinares.

**Disponível em:** <http://www.youtube.com/watch?v=v-rw_jODdNc>.

### Título: Centro Popular de Cultura e Desenvolvimento (CPDC/MG)

**TEMA:** O CPCD é uma organização nãogovernamental, sem fins lucrativos e de utilidade pública federal, estadual e municipal, vinculada ao 3º setor (de natureza privada e função social pública), fundada em 1984, para atuar nas áreas de Educação Popular de Qualidade e Desenvolvimento Comunitário Sustentável, tendo a Cultura como matéria-prima e instrumento de trabalho, pedagógico e institucional. Dedica-se à implementação e à realização de projetos inovadores, programas integrados e plataformas de transformação social e desenvolvimento sustentável, destinados, preferencialmente, a comunidades e cidades brasileiras com menos de 50 mil habitantes.

**Disponível em:** ‹http://www.cpcd.org.br/›.

## Título: Conane – Conferência Nacional de Alternativas para uma Nova Educação

**TEMA:** O evento realizado em 19, 20 e 21 de novembro de 2013 foi resultado de uma parceria entre o Projeto Autonomia, da Universidade de Brasília (UnB), e o Coletivo Gaia Brasília. O objetivo do encontro foi reunir educadores, estudantes, pais e quem mais se sentir interessado em buscar alternativas para uma nova educação. A Conane possibilitou aos participantes tomarem conhecimento das experiências inovadoras que já acontecem em diversas cidades brasileiras dentro da proposta de uma nova educação.

**Disponível em:** ‹http://coletivogaiabrasilia.org/conane/›.

## Título: Estado do mundo

**TEMA:** O *site* monta cenários sobre as emergentes questões globais na promoção de uma sociedade ambientalmente sustentável.

**Disponível em:** ‹http://www.worldwatch.org.br/›.

## Título: Sobre criança e consumo

**TEMA:** O site desenvolve ações no sentido de que proteger as crianças da publicidade desde ser uma obrigação compartilhada entre Estado e sociedade, incluindo empresas, organizações, família e educadores.

**Disponível em:** ‹http://criancaeconsumo.org.br/›.

*Direito ao ambiente como direito à vida*

## Título: Centro de Informações sobre Reciclagem e Meio Ambiente

**TEMA:** A Recicloteca é um Centro de Informações sobre Reciclagem e Meio Ambiente criado pela ONG Ecomarapendi. Foi planejada com o objetivo de difundir informações sobre as questões ambientais, com ênfase na redução, reaproveitamento e reciclagem de resíduos, e seu acervo é composto pelos mais diversos tipos de materiais incluindo livros, vídeos, revistas, periódicos técnico-científicos, cartilhas, teses, produtos reciclados e outros que, somados à experiência de sua equipe, transformaram a ONG numa referência sobre a temática de resíduos sólidos no Brasil.
**Disponível em:** ‹www.recicloteca.org.br›.

## Título: Ministério do Meio Ambiente

**TEMA:** O Ministério do Meio Ambiente disponibiliza diversos materiais que podem ser úteis à prática docente. Entre eles, destacam-se:

- Consumo consciente

**Disponível em:** ‹http://www.mma.gov.br/responsabilidade-socioambiental/producao-e-consumo-sustentavel/consumo-consciente-de--embalagem›.

- Formação de educadores ambientais

**Disponível em:** ‹http://www.mma.gov.br/educacao-ambiental/formacao-de-educadores/coletivos-educadores›.

- Boas práticas em Educação Ambiental na agricultura familiar

**Disponível em:** ‹http://www.centroflora.com.br/wp-content/downloads/livro_boaspraticas_br.pdf›.

- Biblioteca digital de meio ambiente

**Disponível em:** ‹http://www.ibama.gov.br/sophia/index.html›.

## Título: Instituto Nacional de Processamento de Embalagens Vazias (Inpev)

**TEMA:** O Instituto Nacional de Processamento de Embalagens Vazias (Inpev) possui um Programa de Educação Ambiental chamado Campo

Limpo. No *site* do programa, há um *kit* de apoio composto por quatro materiais: Caderno do Professor, Gibi Turma da Reciclagem, Pôster — Caminhos da Reciclagem e apostila Recicla ou não Recicla.

**Disponível em:** <http://www.inpev.org.br/mobilizacao-e-educacao/programa-de-educacao ambiental campo-limpo>.

## Título: Instituto Chico Mendes (ICMBio)

**TEMA:** O Instituto Chico Mendes de Conservação da Biodiversidade é uma autarquia em regime especial. Criado em 28 de agosto de 2007 pela Lei n. 11.516, o ICMBio é vinculado ao Ministério do Meio Ambiente e integra o Sistema Nacional do Meio Ambiente (Sisnama). Cabe ao Instituto executar as ações do Sistema Nacional de Unidades de Conservação, podendo propor, implantar, gerir, proteger, fiscalizar e monitorar as unidades de conservação instituídas pela União. Cabe a ele ainda fomentar e executar programas de pesquisa, proteção, preservação e conservação da biodiversidade e exercer o poder de polícia ambiental para a proteção das unidades de conservação federais.

**Disponível em:** <http://www.icmbio.gov.br/portal/comunicacao/publicacoes.html>.

## Título: Fiocruz/Fase: mapa de conflitos envolvendo injustiça ambiental e saúde no Brasil

**TEMA:** O mapa de conflitos envolvendo injustiça ambiental e saúde no Brasil é resultado de um projeto desenvolvido em conjunto pela Fiocruz (Fundação Oswaldo Cruz) e pela Fase — Solidariedade e Educação, com o apoio do Departamento de Saúde Ambiental e Saúde do Trabalhador do Ministério da Saúde. Seu objetivo é, a partir de um mapeamento inicial, apoiar a luta de inúmeras populações e grupos atingidos em seus territórios por projetos e políticas baseadas numa visão de desenvolvimento insustentável e prejudicial à saúde.

**Disponível em:** <http://www.conflitoambiental.icict.fiocruz.br/>

*Direito ao ambiente como direito à vida* **223**

## Título: WWF – Dia de Sobrecarga da Terra

**TEMA:** Demorou menos de oito meses para a humanidade usar todos os recursos naturais do planeta disponíveis para o ano. Em 19 de agosto de 2014, o Planeta Azul entrou no vermelho: é o dia de Sobrecarga da Terra (em inglês, Earth Overshoot Day). Entramos em déficit ecológico, já que reduziremos nossas reservas e aumentaremos ainda mais a quantidade de $CO_2$ produzidos na atmosfera. O cálculo é feito anualmente pela Global Footprint Network, uma organização internacional pela sustentabilidade, parceira global da Rede WWF. Desde 2000, a data surge cada vez mais cedo: de 1º de outubro, em 2000, a 19 de agosto, em 2014. Para chegar a essa data, a GFN faz o rastreamento do que a humanidade demanda em termos de recursos naturais (tal como alimentos, matérias-primas e absorção de gás carbônico) — ou seja, a Pegada Ecológica — e compara com a capacidade de reposição desses recursos pela natureza e de absorção de resíduos.

**Disponível em:** ‹http://www.wwf.org.br/natureza_brasileira/especiais/pegada_ecologica/overshootday/›.

## Título: Sabesp

**TEMA:** A calculadora visa conscientizar a população da questão ambiental, através da análise de seu consumo e da sugestão para que se mudem os hábitos.

**Disponível em:** ‹http://www.sabesp.com.br/CalandraWeb/animacoes/index.html›.

## Título: Iniciativa verde

**TEMA:** Antes de tentarmos compensar emissões de gases do efeito estufa (GEE) emitidos por nossas atividades, precisamos calcular a nossa emissão. Este *site* apresenta uma calculadora que não só faz o cálculo como ainda indica a quantidade de árvores que deverá ser plantada a fim de compensar estas emissões.

**Disponível em:** ‹http://www.iniciativaverde.org.br/pt/calculadora›.

# Músicas

- *Estrela natureza* — Sá & Guarabyra
- *Passaredo* — Chico Buarque e Francis Hime
- *Sal da Terra* — Beto Guedes
- *Herdeiros do futuro* — Toquinho
- *Planeta água* — Guilherme Arantes
- *Terra* — Caetano Veloso
- *O autor da natureza* — Zé Vicente
- *As forças da natureza* — João Nogueira
- *Um índio* — Caetano Veloso
- *Benke* — Milton Nascimento
- *Fábrica* — Legião Urbana
- *Sobradinho* — Sá & Guarabyra
- *Xote Ecológico* — Luiz Gonzaga
- *Canticum Naturale* — Edino Krieger
- *O boto* — Tom Jobim
- *Matita Perê* — Tom Jobim
- *Vivo* — Lenine
- *Natureza é vida* — Palavra Cantada
- *Cântico à natureza* — Nelson Sargento
- *Natureza viva* — João Bosco
- *Chorando pela natureza* — Paulo César Pinheiro e João Nogueira

# Sugestões de leitura

ALMEIDA, Fernanda Lopes de. *O equilibrista*. São Paulo: Ática, 2008.

_____. *A curiosidade premiada*. São Paulo: Ática, 2008.

BARROS, Manoel. *Memórias inventadas*: a infância. São Paulo: Planeta, 2006.

BRASIL, Ibama. *Cartilha leis de crimes ambientais*. Disponível em: ‹http://www.ibama.gov.br/documentos/cartilha-leis-de-crimes-ambientais›.

_____. *Brasil Agroecológico*. Plano Nacional de Agroecologia e Produção Orgânica, 2013-2015.

DIEGUES, A. C. S. *O mito moderno da natureza intocada*. São Paulo: Hucitec, 2001.

FREIRE, Paulo. *Pedagogia da autonomia*. São Paulo: Paz e Terra, 1996.

LEGAN, Lucia. *A escola sustentável*. São Paulo: Imprensa Oficial; Pirenópolis: Ecocentro/Ipec, 2007.

MACHADO, Ana Maria. *Gente, bicho, planta, o mundo me encanta*. São Paulo: Global, 2009.

MEIRELLES, Cecília. *Ou isto ou aquilo*. Rio de Janeiro: Nova Fronteira, 2012.

ODUM, Eugene P. *Ecologia*. Rio de Janeiro. Guanabara Koogan. 1983.

PLANAPO. Disponível em: ‹http://www.mda.gov.br/portalmda/sites/default/files/ceazinepdf/cartilha-lt_plano_nacional_de_agr-379811.pdf›. Acesso em: 31 ago. 2014.

RICKLEFS, Robert E. *A economia da natureza*. Rio de Janeiro. Guanabara Koogan, 2001.

ROCHA, Julio Cesar. *Introdução à química ambiental*. Porto Alegre: Bookman. 2004.

RODRIGUES, A. C. *A Educação ambiental e o fazer interdisciplinar na escola*. Araraquara: Junqueira e Marin, 2008.

SATO, Michèle; GOMES, Giselly; SILVA, Regina (Org.). *Escola, comunidade e educação ambiental*: reinventando sonhos, construindo esperanças. Cuiabá: Secretaria de Estado de Educação de Mato Grosso (Seduc-MT), 2013. 356 p. Disponível em: ‹http://gpeaufmt.blogspot.com.br/p/materiais-e-apoio-pedagogico.html›.

SILVERSTEIN, Shell. *A árvore generosa*. São Paulo: Ática, 2006.

TIRIBA, Léa. *Crianças da natureza*. Brasília: MEC/SEB/Seminário Nacional Currículo em Movimento, 2010. Disponível em: ‹http://portal.mec.gov.br/index.php?option=com_content&view=article&id=16110:i-seminario-nacional-do-curriculo-em-movimento-&catid=195:seb-educacao-basica›. Acesso em: 1º set. 2014.

TOMPKINS Peter; BIRD Christopher. *A vida secreta das plantas*. São Paulo: Círculo do Livro, 1976.

# SOBRE OS(AS) AUTORES(AS)

**Aida Maria Monteiro Silva.** Mestra e doutora em Educação, especialista em Direitos Humanos, professora e pesquisadora da UFPE nas áreas de formação do professor, didática, gestão escolar e educação em direitos humanos. Ex-coordenadora do Núcleo de Estudos e Pesquisas de Educação em Direitos Humanos, Diversidade e Cidadania (UFPE). Integra grupo de estudos sobre Direitos Humanos da Universidade de Salamanca e o Comitê Nacional de Educação em Direitos Humanos da SDH/Presidência da República. Experiência em Gestão Educacional e ensino na educação básica e superior. Autora de livros e artigos nessas áreas e coautora do Plano Nacional de EDH da Secretaria de Direitos Humanos da Presidência da República. Participou do grupo de elaboração das Diretrizes Nacionais para a Educação em Direitos Humanos. Coordena a Coleção Educação em Direitos Humanos da Cortez Editora. Bolsista da Capes no Pós-doutorado na Universidade do Porto/Portugal.

**Angélica Cosenza.** Professora da Faculdade de Educação da Universidade Federal de Juiz de Fora (UFJF). Graduada em Ciências Biológicas (1998) e mestrado em Educação (2004) pela UFJF. Doutora em Educação em Ciências e Saúde (2014) pelo Núcleo de Tecnologia Educacional para a Saúde da UFRJ, tendo cumprido parte da formação doutoral (2013) na Universidade Autônoma de Barcelona (UAB). Atua como professora e pesquisadora no Núcleo de Educação em Ciência, Matemática e Tecnologia (NEC/UFJF) nas áreas de Educação em Ciências e Educação Ambiental. Também toma parte no grupo de pesquisa GRESC@ — Grupo de Investigação em Educação para Sustentabilidade, Escola e Comunidade da Universidade Autônoma de Barcelona, Catalunha, Espanha.

**Anne Kassiadou.** Mestranda no Programa de Pós-graduação em Educação PPGEdu — UniRio. Pós-graduação *lato sensu* "Especialização em Educação Ambiental" — Universidade Candido Mendes e Escola Nacional de Botânica Tropical do Jardim Botânico do Rio de Janeiro.

**Carlos Prado Mendoza.** Indígena quéchua boliviano. Jampiri (praticante de medicina tradicional). Responsável pela área de plantas medicinais do Jardim Botânico Dr. Martín Cárdenas de Cochabamba (Bolívia). Vice-presidente da Sociedade Boliviana de Ciências Naturais. Diretor do Centro Cultural Kuska. Consultor, palestrante, autor de livros na área de Etnomedicina, conhecimentos ancestrais andinos e interculturalide.

**Celso Sánchez.** Biólogo, licenciado em Ciências Biológicas pela Universidade Federal do Rio de Janeiro (UFRJ), mestre em Psicossociologia de Comunidades e Ecologia Social, cátedra da Unesco de Desenvolvimento Durável, pela UFRJ, e doutor em Educação pela Pontifícia Universidade Católica do Rio de Janeiro. É professor da Universidade Federal do Estado do Rio de Janeiro (UniRio), atuando na graduação e no programa de pós-graduação em Educação. Atualmente, é conselheiro do Conselho Federal de Biologia. Tem experiência na área de Educação Ambiental, ecologia social e educação em ciências.

*Direito ao ambiente como direito à vida*

**Christiana Profice.** Formada e licenciada em Psicologia pela Universidade Santa Úrsula no Rio de Janeiro, mestre em Psicologia Clínica pela Université René Descartes em Paris e mestre pelo Programa de Pós-graduação em Meio Ambiente e Desenvolvimento Regional/Prodema, pela Universidade Estadual de Santa Cruz (UESC), em Ilhéus, Bahia. Doutora em Psicologia pela Universidade Federal do Rio Grande do Norte, em Natal, na linha de Psicologia Ambiental. Atua como professora adjunta na UESC, lecionando a disciplina de Educação Ambiental no Prodema e conduzindo investigações na linha de pesquisa de interações socioambientais.

**Dilma Pimentel.** Mestre em Sistema Integrado de Gestão pela Universidade Federal Fluminense (UFF). Especialista em Gestão Sustentável (UFF) e em educação infantil (PUC-Rio). Graduada em Biologia pela Universidade Santa Úrsula (RJ). Professora das disciplinas Responsabilidade Social, Educação Ambiental e Gestão Integrada no Laboratório de Tecnologia, Gestão de Negócios e Meio Ambiente (Latec-UFF), Unicamp e PUC-Rio. Coautora dos livros *Responsabilidade social: conceitos e práticas* (Atlas) e *Ações para a qualidade* (Campus). Atua como consultora na área de Sustentabilidade. Pesquisas nas áreas de Formação de Professores, Gestão Ambiental e Serviços Ecossistêmicos.

**Léa Tiriba.** Graduada em Jornalismo (UFRJ), mestre em Educação pelo Instituto de Estudos Avançados em Educação Instituto de Estudos Avançados em Educação (Iesae/FGV) e doutora em Educação/PUC-Rio. Educadora ambientalista e professora da Universidade Federal do Estado do Rio de Janeiro (UniRio). Coordena o Grupo de Pesquisa Infâncias, Tradições Ancestrais e Cultura Ambiental e o Curso de Especialização em Educação Infantil/MEC-UniRio. Autora de textos e livros sobre as temáticas da Educação Infantil em interface com a Educação Ambiental e a Educação Escolar Indígena.

**Mariana Rosa.** Educadora formada pela PUC-Rio, mestre em Educação Brasileira (2012), Especialização em Educação Infantil e Graduação em Ciências Sociais. *Designer* em sustentabilidade pela Educação Gaia — Rede Global de Ecovilas/ONU (2010). Cofundadora do Jardim Escola Alecrim (Teresópolis-RJ) e professora no ensino fundamental. Professora de Sociologia no ensino médio (Seeduc) e na formação de outros professores (MEC/Escola de Educação — UniRio).

**Mauro Guimarães.** Professor-doutor em Ciências Sociais, mestre em Educação, Especialista em Ciências Ambientais, graduado em Geografia. É professor-pesquisador do Programa de Pós-graduação em Educação Contextos contemporâneos e demandas populares, da Universidade Federal Rural do Rio de Janeiro. Líder do Grupo de Estudos e Pesquisa em Educação Ambiental, Diversidade e Sustentabilidade (Gepeads/UFRRJ). Atual coordenador do GT-22 (Educação Ambiental) da Associação Nacional de Pesquisa e Pós-graduação em Educação (Anped), e autor de livros e artigos na área de Educação Ambiental.